Viaje al centro de la Fórmula 1

Viaje al centro de la Fórmula 1

Carlos Miquel

Prólogo de Fernando Alonso

CÓRNER

© Carlos Miquel, 2013

Primera edición: septiembre de 2013

© de esta edición: Roca Editorial de Libros, S.L.
Av. Marquès de l'Argentera 17, pral.
08003 Barcelona
info@editorialcorner.com
www.editorialcorner.com

© de las fotografías: Diario *AS* y Carlos Miquel

Impreso por EGEDSA
Roís de Corella 12-16, nave 1
Sabadell (Barcelona)

ISBN: 978-84-15242-52-9
Depósito legal: B. 16.808-2013
Código IBIC: WSPC1

«Los ingleses vencemos por afición al automóvil,
los italianos por patriotismo
y los alemanes porque es su obligación.»

JOHN SURTEES,
campeón del mundo de Fórmula 1 en 1964.

* * *

«¡Toma, toma, toma...!»

FERNANDO ALONSO,
bicampeón del mundo de Fórmula 1 (2005 y 2006),
el día que ganó su primer título para España
en el G.P. de Brasil de 2005.

Índice

Un amigo de las carreras

por Fernando Alonso

Conozco a Carlos Miquel desde hace catorce años. Yo competía en la Fórmula 3000 y él venía a verme al *paddock* fuera de la Fórmula 1 que teníamos en los circuitos. Desde entonces siempre ha estado en los grandes premios. Más allá de su trabajo como periodista, le considero un amigo de mi oficina en las carreras. Al que veo de país en país por todo el mundo.

Han sido más de doscientos grandes premios, más de treinta victorias… Unos años apasionantes e inolvidables junto a los mejores pilotos y escuderías. Y lo que queda… Cuando estaba en el *karting* ni me imaginaba llegar tan alto y poder vivir esta casi década y media de Fórmula 1. Recuerdo, sin ir más lejos, aquellos primeros podios de 2003 con Renault. La Fórmula 1 no era todavía un deporte de masas en España. Se celebraban como victorias. Hasta que llegó Hungría. Aquel triunfo fue muy especial. Después llegarían cosas mucho más grandes.

Este libro nos cuenta muchas anécdotas sobre este mundo. Nos da su visión sobre los grandes nombres contra los que he tenido o tengo el placer de competir como Michael Schumacher, Sebastian Vettel, Lewis Hamilton, Kimi Räikkönen, Robert Kubica o Juan Pablo Montoya. O de mi gran amigo, Flavio Briatore. Y muestra el lado humano de este deporte tan aparentemente frío. Hay mucha tecnología, claro, pero también cientos de personas que trabajan sin descanso para que el piloto haga lo mejor posible su trabajo. Nosotros somos la guinda en un deporte de equipo. No somos tenistas, por ejemplo. No dependemos solo de nuestras fuerzas o de nuestro talento. En la F-1, para bien o para mal, intervienen muchos otros factores.

Pero *Viaje al centro de la Fórmula 1* es, además, su particular muestra de cariño hacia todos los pilotos españoles. Pedro de la Rosa, Marc Gené, Jaime Alguersuari... De lo que éramos y de lo que hemos conseguido. Ahora, pasados los años, Pedro, Marc y yo compartimos trabajo en Ferrari. Son dos estupendos pilotos. Con talento, currantes y hombres de equipo. Terminar trabajando con ellos era impensable aquella tarde en Spa-Francorchamps cuando, después de ganar mi primera carrera de la Fórmula 3000, los tres nos hicimos una foto juntos. Seguro que Carlos estaba allí...

Que lo disfruten.

FERNANDO ALONSO

Introducción

Lo que somos y lo que fuimos

Mi aventura en la F-1 comenzó hace casi catorce años. Me encomendaron la misión de ser el primer redactor del diario *AS* en cubrir todo el Mundial de Fórmula 1. Tengo muy vivo en mi memoria aquel primer viaje a Melbourne en el año 2000. No dormí ni una sola de las veintiséis horas de vuelo. Creía que iba a estar en un hotel céntrico. Me habían reservado un coche, pero pensé en no cogerlo e ir en taxi al *downtown*. Menos mal que en la casa de alquiler me hicieron cambiar de opinión: «No anule el coche, el sitio por el que me pregunta está bastante lejos de la ciudad». Los australianos suelen ser cordiales con el de fuera, son conscientes de lo lejos de todo que está su país. Y ahí me fui yo, en mi primera clase de conducir por la izquierda con ojeras hasta el suelo... Y una mano y un ojo puestos en un mapa donde mi hotel era un puntito negro a 50 kilómetros del aeropuerto.

Como no conocía la circunvalación, decidí atajar por la ciudad. El resultado fue aún peor. Me metí por dos calles en contradirección. Ráfagas de luz de los coches de frente, tensión... Pero por muy mal que lo pases, siempre llegas. Suele pasar en la F-1. Y al fin pude descansar en mi sencilla habitación en medio de la nada, tres horas después de salir del aeropuerto. Ahora lo normal es ir con alguien al lado. Pero es que entonces éramos cuatro gatos y, en ocasiones, no del todo bien avenidos.

Al poco de aterrizar me di cuenta de la absurda situación que se vivía. En vez de estar todos unidos con dos pilotos que intentaban abrirse paso, Pedro de la Rosa y Marc Gené, había dos bandos. Los de Pedro y los de Marc. Los cercanos a Repsol y los afines a Telefónica. Yo intenté no tomar ninguna de esas dos vías, ser amigo y apoyar a los dos. Me sigo llevando muy bien con ellos. Después, cuando llegó la temporada europea, fui de los pocos que iba al *paddock* de la Fórmula 3000 a ver a un joven piloto en ciernes asturiano, Fernando Alonso. Allí se fraguó una complicidad que aún se mantiene.

La Fórmula 1 no es fácil. Es sencillo dedicarse a traducir comunicados y poner grabadoras, pero cuesta tiempo y sacrificio tener fuentes fiables y que te acerquen a la verdad de las cosas. Oficialmente los equipos y los pilotos suelen mentir. La verdad es solo un punto de vista marcado por unos brutales intereses comerciales. Que yo sepa, es el único deporte del mundo donde algunos directores de comunicación dan doctrina por la sala de prensa mientras los periodistas escriben. Su única intención es que la imagen del sacrosanto equipo quede inmaculada. No se puede perder un euro. Hay que mantener a los patrocinadores como sea.

Sin embargo, y ahí está el deporte, al final todo se sabe. Los pilotos juegan apasionantes guerras psicológicas. Un diálogo sordo desde cada esquina del cuadrilátero que resulta especialmente divertido. Alonso es el mejor en eso, y, aunque sabe que Vettel es muy bueno, siempre coloca por delante a Hamilton y destaca la superioridad mecánica del Red Bull. A Sebastian esto le molesta y habla, como hizo a finales de 2012, de las órdenes de equipo de Ferrari con Massa.

Poco tiene que ver con los enfrentamientos salvajes de Piquet y Mansell o de Prost y Senna, pero las batallas también se juegan fuera de la pista. Y si un equipo y un piloto se llevan a matar, la habilidad del periodista es contarlo antes que nadie, adelantarse a guerras como la que sufrió el bicampeón español en McLaren en 2007.

Este es un deporte espectáculo y como tal hay que saber leer sus tendencias. Hay cosas que convienen al sistema y otras que no. Y resulta muy difícil ganar Mundiales nadando contra corriente. Alonso ganó el título de 2005 por su descomunal talento y un estupendo equipo de carreras. Pero hay que reconocer que se dieron las circunstancias adecuadas. A Bernie Ecclestone, el patrón del gran circo, le venía de maravilla que España se abriera a la Fórmula 1. Renault necesitaba un título y Michelin también. Muchos sonrieron cuando acabó con la hegemonía de Michael Schumacher. Esa atmósfera favorable no se repitió ya en 2006, cuando la FIA prohibió por sorpresa el sistema de amortiguación Mass Damper del Renault, que había autorizado previamente en invierno. Y a Fernando le sancionaron de manera incomprensible en Monza. Pero Alonso no se rindió y terminó ganando su segunda corona.

En la actualidad, el poder ya no está en Ferrari o McLaren. El poder hegemónico es de Red Bull y Mercedes. Además, el mercado europeo que aún sigue vivo es el alemán. Con todo eso también hay que contar en las carreras. No es tenis, hay un importante componente mecánico de por medio. Hay equipos más listos a la hora de estirar los reglamentos. El dopaje en la F-1 está en los coches. Por eso un gran equipo de carreras debe tener inteligencia en su cuerpo de ingenieros y pulso político en su dirección. En todo lo que puedas ir al límite de las reglas ganas décimas por vuelta que al final pueden dar títulos. Briatore, por ejemplo, siempre fue un maestro a la hora de moverse en los despachos. Ya no está en la F-1. Sin embargo, es un personaje irrepetible. Un excelente heredero para Ecclestone.

Desde aquellos primeros días en Albert Park me di cuenta del tremendo poder que tenía aquel hombre de baja estatura y pelo blanco. Camina a toda velocidad y a su alrededor siempre hay un séquito. Si no es el organizador local, que en algunos países llegan a pagar 40 millones de euros anuales, se le acerca un periodista amigo o una cámara de televisión. Habla bajo y se le ríen absolutamente todas las gracias. Diga lo que diga. Aunque proponga que se hagan atajos en los circuitos para que haya más adelantamientos, o que se pongan aspersores para mojar sin avisar algunas curvas. Incluso la famosa idea de las medallas. Cuando hablas con él te das cuenta de que lanza todo ese tipo de propuestas por el beneficio del negocio: «Cambiamos las reglas para que ustedes hablen de ellas». La F-1 consigue dar noticias hasta cuando no hay carreras.

Y si un Mundial está más o menos tranquilo, entonces surge un escándalo. Normalmente siempre parece que el cielo se va a abrir sobre la cabeza de alguien. Sin embargo, al final no suele ser para tanto.

La Fórmula 1 que conocí en el año 2000 era muy distinta a la de ahora. La táctica la marcaba la gasolina, no los neumáticos, que siempre estaban frescos. Por aquel entonces se podía ganar si un piloto alargaba su parada un par de vueltas más con el depósito casi vacío. Los motores V10 hacían correr mucho más a los coches en las rectas. En su escalada de potencia, hasta 2004, terminaron coqueteando con los 1000 CV en calificación. Algunos propulsores rozaban las 21.000 revoluciones. Los coches sonaban distintos unos de otros. Su aullido en Monza llegó a ser escalofriante. En la actualidad los V8 están limitados a 18.000 RPM y están en torno a los 750 o 760 CV. Suenan todos igual. Además, los coches corren demasiado en las curvas y bastante menos en comparación en las rectas. Una de las imágenes de mi primer Mundial fue la cara pálida de Ricardo Zonta después de asistir al mejor adelantamiento de la historia. Fue en Spa. Schumacher defendía su posición y se apartó en el último instante para que Hakkinen tuviera que frenar con el doblado Zonta. Fue una maniobra bastante sucia. Mika le echó narices y se fue a la hierba para pasarle. El BAR del brasileño se quedó en medio de un Ferrari y un McLaren que le pasaban a 320 km/h. Y el bueno de Ricardo solo acertaba a decir «yo me quedé quieto, me quedé quieto».

En estas catorce temporadas siempre he defendido a los pilotos españoles. Éramos una nota a pie de página. La Arabia Saudí de los Mundiales de fútbol. Aún recuerdo la ironía que me soltó Pino Allievi, prestigioso periodista de *La Gazzetta dello Sport*, cuando preparaba un reportaje antes de la calificación de Malasia 2003: «¿Pero de qué escribes?» Minutos después, Alonso lograba la primera pole de su vida. Me volví a encontrar con Pino y le dije: «Ya ves que tengo bastantes cosas de las que escribir…». Con una sonrisa, claro. De aquel año es también el alegrón que tuvimos los periodistas españoles cuando Marc Gené tuvo que correr en Monza en lugar de Ralf Schumacher. El viernes estaba de compras en Milán… El domingo terminó quinto la carrera. Tres años después me contó en una charla entre camiones en ese mismo escenario que había fichado por Peugeot para correr las 24 Horas de Le Mans. En 2009 se convirtió en el primer y de momento único español en alcanzar la victoria en la mítica prueba francesa.

Con el tiempo, y gracias al fenómeno Alonso, España llegó a tener dos carreras en el calendario, Barcelona y Valencia. Los grandes premios llegaron a verse por cuatro televisiones distintas. Y en Hungría 2009 aterrizó otro piloto español, Jaime Alguersuari, el debutante más joven de la historia. Venía de ganar la Fórmula 3 británica. Llegó antes de tiempo y, poco a poco, fue mejorando sus prestaciones. Con él fueron especialmente injustos en Toro Rosso. Le despidieron cuando mejor estaba rindiendo. Tenía dominado a su compañero Buemi. En 2011, su último año, sumó 26 puntos. El suizo, solo quince. Le recuerdo hablando a corazón abierto una tarde en Corea: «Marko me dice que tengo que ganar una carrera, como hizo Vettel. Es increíble. Aquel Toro Rosso corría mucho más.» Había tenido una bronca esa mañana con Helmut Marko, el expiloto austriaco y jefe de la cantera de Red Bull por haber estorbado a Vettel en unos libres. A su alrededor ya no se veía cariño. Ni del jefe del equipo Tost ni de nadie. Solo había presión. Curiosamente, ese domingo terminó séptimo después de adelantar a Rosberg en la última vuelta. Sus mecánicos le recibieron entre aplausos. Solo tiene 23 años y calidad de sobra. Se merece volver.

En 2010 aterrizó el equipo español Hispania, que cerró en 2012 con la denominación HRT. No estaría mal retomar algún día ese sueño.

Nos queda el futuro. Lo que seremos. Fernando Alonso tiene contrato hasta 2016. Pedro y Marc trabajan en Ferrari como probadores y pueden hacerlo durante algunos años más. Y al margen de una posible vuelta de Jaime, tenemos a otros jóvenes muy preparados en la recámara. El que más opciones tiene de correr en la Fórmula 1 es Carlos Sainz Jr. El bicampeón asturiano, con el que tiene una buena amistad, ya le ha señalado como su posible sucesor. Forma parte de la cantera de jóvenes pilotos de Red Bull, compite en 2013 en GP3 y, si todo va bien, podría aterrizar en 2015 en la Fórmula 1. La crisis se ha cargado a una buena parte de nuestra cantera. Pero tenemos a una mujer en esa categoría, Carmen Jordá. A Sergio Canamasas en GP2. Y la vía alemana. Dos jóvenes pilotos a los que Mercedes puede llevar a la F-1 si ganan el campeonato alemán de turismos (DTM). Son Dani Juncadella, que ya es piloto de desarrollo de la escudería, y Roberto Mehri. Junto a ellos compite Miguel Molina (Audi). Quieren seguir el camino de Paul di Resta.

Este libro es mi particular cuaderno de historias sobre un deporte complejo y apasionante. Que te fatiga y te atrapa a partes iguales. Comienza el viaje…

Capítulo 1

La conga de los campeones

*F*ui un privilegiado. Viví junto a Fernando Alonso la fiesta privada de su primer título mundial. Aquella conga de los campeones fue la culminación del día más bonito y más largo de mi trayectoria en la Fórmula 1. Una gran noche que comenzó con una llamada: «Carlos, vamos a celebrar el título en el Club Lotus. Acércate a la puerta con los que estés cenando. Y sé, por favor, discreto».

El 25 de septiembre de 2005 arrancó con un madrugón producto de los nervios. A las ocho de la mañana estaba, un hecho insólito, corriendo por la azotea del hotel Meliá WTC de São Paulo junto a mi amigo y también periodista Adrián Huber. En la calle, a solo unos metros, el descomunal y habitual atasco de la Marginal Pinheiros. Enfrente, elevado como una torre de espejos, el lujoso hotel Hilton donde se alojaba el futuro campeón.

No quiero ni pensar cómo amaneció Fernando. El sábado en el circuito ya me reconoció estar nervioso: «Un poco sí que estoy, un poco...». Quedaban tres carreras para que terminara aquel campeonato y el ovetense quería cerrar cuanto antes su primera corona. Solo necesitaba seis puntos, hiciera lo que hiciera Räikkönen. Un tercer puesto. Y venía ya de un primer intento que volvió loca a España entera, en el GP de Bélgica. Spa-Francorchamps no habría sido un mal escenario para hacerlo, desde luego. Allí a los que seguíamos habitualmente el Mundial se nos sumaron otros periodistas. La mayoría sin pase de F-1, producto de las prisas y el repentino, y lógico, fervor de sus medios hacia el automovilismo.

En el legendario trazado de las Ardenas, el propio Fernando nos hizo sonreír al repetir el lema con el que se hizo campeón: «No pienso todavía en la posibilidad de ganar el título, solo voy carrera a carrera». Ni siquiera con el segundo de Bélgica. Por superstición se pasó así hasta el GP de Brasil. Sabía que en Spa necesitaba ganar y que Räikkönen terminara séptimo o peor. Demasiado difícil. Y de hecho nunca hubo una fiesta preparada por si sonaba la flauta. Como país de fervores y excesos que somos, en los días previos, a la estrella española le salieron descubridores y mentores de todo cuño. Algunos de ellos ciertos y otros no tanto. Unos sí eran amigos. Con otros apenas se hablaba. En silencio, fue acumulando en sus espaldas la presión de un país entero volcado.

Toda esa tensión acumulada no estalló hasta que se subió victorioso encima de su Renault y gritó al mundo su ya célebre «¡Toma, toma, toma!». Apenas le vi durante el fin de semana. Briatore intentó aislarle en un *paddock* estrechísimo (de tres metros de ancho), lleno de casetas prefabricadas y donde los invitados VIP se entremezclan con periodistas, tropa y estrellas del Mundial. Interlagos se parece más a uno de esos zocos árabes donde persiguen a James Bond que a un moderno circuito de carreras. Y Fernando permaneció mucho tiempo encerrado en su pequeño espacio en el *box*. Esta pista está enclavada, además, en una enorme vaguada. Es una olla a presión donde, en ocasiones, un piloto se duerme niño y amanece héroe. Ha sido la oficina de los títulos mundiales en seis de los ocho últimos años.

Después de unas vueltas finales en las que el asturiano escuchaba todo tipo de ruiditos en su monoplaza, y que se le hicieron eternas, llegó el éxtasis. Fernando se bajó del coche, se abrazó a sus mecánicos, ondeó la bandera de España y se subió al podio junto a Montoya y Räikkönen. Allí, en la antesala del confeti, el champán y la gloria, tuvo su primer coqueteo con McLaren. Le dijo a Ron Dennis que eran los que mejor evolucionaban los coches. El inglés le preguntó si querría formar parte de su familia de plata y el ya campeón le contestó que sí. En diciembre se anunció por sorpresa su cambio de aires para 2007. Pero esa es otra historia…

Esa noche de gloria, antes de la fiesta, Alonso cenó en privado con su padre José Luis y su mánager, Luis García-Abad. Flavio Briatore ya se había marchado de vuelta a Europa. Tenía un vuelo de regreso esa misma madrugada. A eso de las once estaba en la puerta del Club Lotus con mis colegas de *picanha* y *caipirinhas* en la churrasquería Foga de Chao: Adrián Huber, Víctor Seara, Jacobo Vega y Toni López Jordá.* En la puerta teníamos cuatro invitaciones y la chica de marketing de Renault no quería darnos ni una más. Al final la convencimos y subimos por una estrecha escalera hasta la entrada del local, flanqueada por dos enormes gorilas. A la izquierda estaba la sala de la fiesta. No era muy grande, pero corría el Moët Chandon como si lo regalaran.

Una bola setentera presidía el centro de la pista y, al fondo, sentados en un sofá de terciopelo a modo de ban-

* Adrian Huber (agencia Efe), Víctor Seara (entonces, en Tele5), Jacobo Vega (entonces, en la revista *Gran Prix*) y Toni López Jordá (*La Vanguardia*).

queta alargada, estaba el clan Alonso. Desde ese momento, empezaron los abrazos y felicitaciones, ya sin tensión. Unidos todos por la alegría de estar viviendo algo histórico, de ver en lo más alto a un piloto español, un amigo, al que he apoyado y del que he disfrutado con su enorme talento desde 1999.

Quizás Fernando no lo sepa, pero admiré su pilotaje desde que le vi cometer un error en una carrera de la Fórmula Nissan en el Jarama. Iba primero destacado y seguía marcando vueltas rápidas. A pocas vueltas del final se salió y terminó con su coche embarrancado al final de recta. Pero la demostración de velocidad y clase que hizo solo estaba al alcance de unos pocos. Algo que me corroboró poco tiempo después su entonces mánager, el expiloto de F-1, Adrián Campos: «Me ha dicho que está aprendiendo, que tiene que lograr ir todas las vueltas a tope, al límite.» Así lo hizo hasta que dominó ese arte, y lo convirtió en su mayor cualidad: Su capacidad para ir más allá de la lógica durante todo un gran premio. Es un martillo pilón tenga o no el mejor coche y en eso no hay ningún piloto de la actualidad que se le acerque.

Fernando estaba tranquilo, sereno en la noche paulista. Se reía mucho con nuestra euforia y la de todos los que le rodeaban. En la velada cayeron varias hilarantes imitaciones del «¡Toma!, ¡toma!» que hizo nada más bajarse del coche. A su lado estaba un amigo brasileño, su primer compañero en la F-1 en Minardi, Tarso Marques. Y también se encontraba el ahora director deportivo de Ferrari, Massimo Rivola, con el que también fraguó amistad en Minardi, el modesto equipo italiano de su debut.

Por supuesto, movían el esqueleto sus mecánicos, las simpáticas camareras de Renault, con Simona a la cabeza… Y buena parte del lado francés del equipo, el que mejor se llevaba con su piloto líder. No había ni rastro de sus menos amigos Pat Symonds o Rod Nelson. Entre sonrisas, Fernando me comentaba lo bien que sabía el champán: «No me gusta el alcohol, pero hay que ver lo rico que estaba allí arriba en el podio». Allí vimos al chaval de 24 años, despojado al fin de la presión por ganar. Un español que acababa de abrir brecha en el deporte más tecnológico del mundo, siempre vetado para los nuestros. Alguien que sabía que aquel día de septiembre entraba para siempre en los libros de historia de nuestro deporte, pasara lo que pasara después con su carrera deportiva...

A pesar de lo que algunos se creen, su actitud sí que fue de agradecimiento en aquella tarde inolvidable. Es cierto que la armó buena al decir que su éxito lo debía al apoyo de unos pocos, «tres o cuatro». Algo que hizo en respuesta a la fiebre de 'asturianos' y descubridores que le salieron en los medios de comunicación el mes anterior a su victoria. Los periodistas más cercanos sabíamos que pensaba decir eso nada más ganar el título.

Lo malo es que esas palabras taparon la sincera dedicatoria, unos renglones después, a su equipo y a la afición. Y que estuvo especialmente cariñoso con los que él sí consideraba que habían estado siempre a su lado. Para mi memoria guardo el abrazo que nos dimos nada más terminar la rueda de prensa de la FIA. Esa que se hace en inglés en cada carrera con los tres primeros clasificados. Olía a champán y, en medio del abrazo de oso que nos pegamos, me dedicó un emotivo: «Gracias, Carlos».

La euforia había ya cruzado el Atlántico hacia España, con todo el país paralizado frente al televisor. Como con la selección de fútbol. Hubo aficionados que se bañaron en La Cibeles y 30.000 personas tomaron la plaza de América en Oviedo. En el diario *AS* mis antiguos compañeros festejaban la victoria encima de las mesas. Y mi primera conversación con Raúl Romojaro (redactor jefe de Motor) también es de las que no se olvidan: «Haz una crónica que nos emocione».

Y así la hice. Con el corazón en la mano y la frase de un abrazo como arranque. Saltándome las normas de la ortodoxia de un cronista. Era un día especial y daba hasta para hablar del primer piloto español de carreras de la historia. Bueno, en realidad auriga o conductor de cuádrigas, Cayo Apuleyo Diocles. Un lusitano de Mérida del siglo II. Conocí su historia en una visita con mi mujer a la ciudad extremeña. Le dije: «Esto lo cuento yo en la crónica si Fernando se proclama campeón del mundo.» Ella me sonrió como si no fuera a ser capaz. Esta es la segunda vez: Diocles triunfó en el circo romano, compitió en 4.257 carreras, de las que ganó 1.462. Sus ganancias de 35.863.120 sestercios le convirtieron durante mucho tiempo en el deportista mejor pagado de la historia. Y corrió en diversos equipos. Pero uno de ellos fue el azul y otro el rojo, donde se retiró a los cuarenta y dos años. A que les suena…

Las emociones fuertes no fueron solo en el papel. En la radio, entonces la SER, me desgañité como nunca. La emoción fue aumentando hasta que terminé con un tremendo: «¡Fernando Alonso, campeón del mundo! ¡Es un hito, es un hito!». También grité doce meses después con el segundo. Y espero algún día poder cantar el tercero. Al otro lado estaba Paco González y un estudio que interrumpió mis palabras con una avalancha de aplausos. Y en esas seguimos. Ahora en la COPE.

En el club Lotus había felicidad, pero también cansancio en el rostro del nuevo campeón. Por aquel entonces Interlagos estaba de verdad bacheado y se le soltó uno de los aislantes del asiento. El resultado fue una quemadura en la espalda a sumar al dolor de cuello habitual del trazado brasileño, uno de los más exigentes para los pilotos en ese aspecto. Es más duro porque es uno de los pocos circuitos del Mundial en los que se rueda en el sentido opuesto a las agujas del reloj.

La noche tuvo una visita sorpresa, la de Rubens Barrichello. El brasileño quiso rendir su homenaje al nuevo campeón, al que dio la enhorabuena con un sentido abrazo: «Felicidades Fernando, te lo has merecido». Rubinho apareció con camiseta y bambas, liberado al fin de ser el compañero de Schumacher en Ferrari. Se iba de Maranello rumbo a BAR Honda. Y con otro buen contrato en sus manos. El perfecto español del paulista era el nexo de unión de dos pilotos que siempre mantuvieron una buena relación. Sobre todo durante la etapa inicial en la Fórmula 1 del asturiano. Y en especial desde aquella primera pole y podio del ovetense en Sepang 2003. Bajo el fuerte calor malayo el veterano paulista estuvo especialmente encantador con la joven estrella que tenía ante sus ojos: «Es un gran piloto, algún día será campeón del mundo». Allí, dos años después, en su ciudad, acababa de cumplirse su vaticinio... Y con el Kaiser, su verdugo deportivo, al fin caído.

José Luis no paraba de sonreír. Es el padre de la estrella, pero no es un *hooligan* de su hijo. Él es la gran referencia de Fernando. A él le escucha más que a nadie. Si le tiene que decir que ha hecho algo mal en una carrera, se lo dice... Y entonces el hijo obedece y frena al orgulloso campeón que lleva dentro. No le gusta mucho regalar los oídos. Pero tampoco te fallará si te ve en un apuro. Antes venía más a las carreras, que frecuenta menos desde 2008, aunque sí que suele aparecer en los test de pretemporada. Ya no se ve tan necesario para su hijo, que ha crecido y tiene a su lado siempre a Luis, su mánager, mano derecha, más que un amigo.

En la pista de Interlagos tuvo que esperar pacientemente el largo protocolo que acompaña a un campeón. Más de una hora y media entre el podio, rueda de prensa FIA, las largas entrevistas de televisión, la ejemplar felicitación que Schumacher le hizo a su hijo y la llamada de seis minutos del Rey Juan Carlos. El monarca le contó cómo habían vibrado con su carrera en el Palacio de la Zarzuela.

Fernando se fue corriendo al box donde le recibió eufórico Briatore. Al encontrarse con su padre las lágrimas nublaron los ojos del Nano mientras la tropa de Renault y los periodistas aplaudíamos a rabiar. José Luis debió acordarse de todos los sacrificios que tuvo que hacer para que su chico siguiera compitiendo. De aquellos largos viajes por Europa, de pista en pista de karting al volante de un modesto Peugeot 306, regresando los domingos de madrugada para estar en el trabajo el lunes.

Y seguramente recordaría a aquel importante *sponsor* que no quiso apoyarle en el año 2000 para que diera el salto al gran circo. Prefirió apostar por un argentino, Gastón Mazzacane, como compañero de Marc Gené. La expansión en Suramérica, decían... Y eso que aquella estrella entonces en ciernes asombró a los jefes de Minardi en su primer test sobre un Fórmula 1. Se tuvo que marchar a hacer la Fórmula 3000 a un equipo del montón, Astromega. Paradójicamente, visto en perspectiva, aquel error estratégico le quitó para siempre al ovetense el posible sambenito que podría haberle caído de piloto de pago. Y su sensacional segunda mitad de año en la antesala de la F-1, que cerró con la victoria en Spa-Francorchamps, le permitió convertirse en una cotizada promesa a la que cortejaron Ferrari, Renault y Williams. Pero durante muchos años aquel paso atrás marcado por intereses comerciales y, quizás también de otro tipo, ha sido una espina envenenada en el corazón de los Alonso.

Después del abrazo sentido con su progenitor los mecánicos le subieron a hombros. Era el estandarte que le dio a la marca francesa su primera corona como escudería independiente. Nunca Francia había entronizado tanto a un español. En el recuerdo, la tremenda portada del lunes de *L'Equipe*: «Alonso, el mundo es suyo».

La evolución del motor de la marca gala fue el gran factor diferencial que cambió en la escudería de 2004 a 2005. El otro fue externo a ellos, el excelente trabajo de Michelin con los neumáticos frente a los Bridgestone de Ferrari. El cambio se notó desde el debut de Fernando con el R25 en la pretemporada en Cheste. Nada más bajarse del monoplaza le dijo a los suyos que ese podía ser un coche para luchar por el título.

Y allí, con esas mañanas húmedas y mediodías de sol típicamente valencianos, me enteré de que tenían un V10 capaz de alcanzar los novecientos caballos. Bastantes más que los del vetusto Supertec que llevaron la temporada anterior. Y, lo que era más importante, más ligero y con un centro de gravedad mucho más bajo. Era infinitamente más estable que el R24. Eso es lo que notaron sus pilotos.

De las siete victorias del muy fiable coche número cinco me quedo con la de Imola donde aguantó diez vueltas el acoso de Schumacher, con un motor tocado y limitado. Con treinta caballos menos. Fernando nos ocultó los problemas del propulsor en un cilindro desde los primeros análisis, después de la victoria de Bahrein, y durante todo ese fin de semana. A mí me tenía mosqueado porque dio muy pocas vueltas el viernes y el sábado. «Es una nueva manera de afrontar las carreras, traemos el trabajo hecho de la fábrica, con las simulaciones…», decía el piloto español mientras bajaba la mirada. Pero no pude enterarme del milagro y la clave de esa carrera hasta el lunes después del gran premio en el aeropuerto de Bolonia. Las noticias surgen muchas veces donde menos te lo esperas.

El siguiente capítulo de aquel Mundial fue polémico. A BAR Honda le quitaron un ilegal depósito extra que llevaba y les excluyeron para el GP de España y otro más. Ferrari venía de hacer una buena carrera en Imola, pero desde ese momento Schumacher se diluyó en el Mundial. Oficialmente solo por los problemas de ruedas... Emergió entonces Kimi con McLaren que, desde Barcelona, demostró tener el coche más veloz de la parrilla. Pero sus roturas le lastraron. Una de ellas, la de la rueda despedida en Nurburgring, fue producto de la sinrazón de los ingenieros del muro, que tenían que haberle hecho parar. Allí también ganó Fernando.

Cuando te enseñan la alucinante fábrica de McLaren en Woking hablan de aquel monoplaza como un prodigio que ganó diez carreras con sus dos pilotos pero al que tumbó la mala suerte. Y, pruébenlo, porque es muy divertido. Si le preguntan al guía sobre quién ganó el Mundial aquel año le cuesta decir el nombre. Es un tabú. Un sonido maldito que se le atraviesa en sus cuerdas vocales pero al final, no sin cierto titubeo, termina por brotar de su boca: «Yes, yes, Alonso.»

Aún faltaban los momentos más divertidos de la madrugada paulista. Después de hablar con Barrichello, Fernando saltó a la pista y se puso a bailar con su amigo y compañero de equipo Fisichella. La amistad con Giancarlo, un piloto excelente dentro y fuera de la pista, también ha perdurado en el tiempo. Y hoy en día es compinche del asturiano en las animadas noches de la concentración invernal de Ferrari en Madonna di Campiglio. La fiesta de cumpleaños del italiano en la discoteca Zangola se ha convertido en un clásico de cada mes de enero desde que Alonso aterrizara en Maranello. Yo estuve en una de ellas, pero aún no he logrado saber con exactitud el verdadero día de nacimiento de Giancarlo. Dice que varía uno con el oficial y por eso le gusta celebrarlo dos veces.

El piloto asturiano empezó a desmelenarse, cogió una botella de champán y nos bañó a todos como si estuviera en el podio. Los gritos de euforia se sucedían:

«¡Alonsooo, Alonsooo!». Saltamos todos los españoles juntos al grito de ¡Campeones, campeones!... Y la nueva leyenda de la F-1 encabezó una larga conga. A duras penas podía seguirle mientras él daba saltos de alegría. Era un día único, una fiesta especial y que merecía una juerga de campeonato.

Eran las dos de la mañana y seguimos así hasta más allá de las cuatro cuando cerraban ya en el Lotus. Lo clausuramos con un apasionado «We are the champions» (pronúnciese en modo cogorza) que unió a la multinacional tropa de Renault y algunos espontáneos de última hora con cinco afortunados y sonrientes periodistas españoles.

No fue ninguna sorpresa que el ovetense terminara aquel Mundial cantando esa mítica canción de Queen por la radio. Fue su forma de festejar el título de marcas conquistado con una última victoria implacable en China. Un cántico que se tomó como bandera en una discoteca brasileña y se cerró con la voz post carrera de los motores: los V10 de los coches azules reproduciendo a golpe de acelerador la voz de Freddy Mercury hasta la rotura. Al mando de esa sinfonía en el box de Shanghái estaban los ingenieros franceses dirigidos por Dennis Chevrier.

Fernando se despidió uno a uno de todos sus colegas de fiesta. Estaba cansado, pero absolutamente feliz. Como su padre Luis, su mánager José Luis y una ciudad, Oviedo, que tampoco pegó ojo con el nuevo 8.000 que aquel chaval de Asturias acababa de escalar para el deporte español. Como en su momento hicieron Ángel Nieto, Seve Ballesteros o Manolo Santana. La noche terminó para mí con una eufórica conexión en directo con el magacín matutino 'Hoy por Hoy'. La Fórmula 1 era ya un deporte de masas en España, y yo lo estaba viviendo y contando desde su nuevo epicentro planetario.

Capítulo 2

El Príncipe de Kerpen

«*M*e ha llamado la gente de los Premios Príncipe de Asturias. Quieren darle el premio del deporte a Schumacher y les gustaría saber si podría venir a recogerlo.» Así me encargó Alfredo Relaño contactar con el lejano y distante Kaiser de la Fórmula 1. Estábamos a finales de agosto del año 2002.

Inmediatamente me puse en contacto con Sabine Kehn, su eficacísima jefa de prensa, y le escribí en inglés lo siguiente:

Estimada Sabine,

Los Premios Príncipe de Asturias son los galardones más importantes de España. Cuentan con el apoyo expreso de la Casa Real, los entrega el príncipe Felipe, y este año han pensado darle el galardón de deportes a Michael. Sé que tendréis muchos ofrecimientos, pero esto es algo muy especial. Funcionan como unos Nobel, y junto a los deportistas hay científicos, escritores… Gente de mucho prestigio. Para ellos sería un placer que Schumacher lo recibiera por sus cinco títulos mundiales y el hecho histórico de haber igualado a Juan Manuel Fangio. El único problema es que, para dárselo, necesitan saber si podrá venir a recogerlo a Oviedo, la capital del Principado de Asturias, el 25 de octubre próximo. Sé, además, de la buena relación de Schumacher con el rey Juan Carlos.

Para que no quedara en el olvido de las cientos de propuestas diarias que recibía, llamé a Sabine. Me dijo que le parecía interesante y que lo hablaría con Michael. Dos días después, esta fue su respuesta:

Estimado Carlos:

Michael agradece mucho el ofrecimiento y más por tratarse de unos premios muy prestigiosos y que cuentan con el apoyo de la familia real española, pero lamentablemente no podrá asistir. El Mundial termina el 13 de octubre en Japón y él estará en esas fechas de vacaciones con su familia después de un campeonato tan largo y duro como este.

Gracias, Sabine

Se lo comuniqué a Relaño inmediatamente y se puso en contacto con la fundación que organiza los premios. El resultado de su negativa fue que no se le concediera el galardón, claro. Desde la espantada que dio Carl Lewis en 1996 nunca se ha vuelto a dar este honor a nadie que no pudiera venir a buscarlo. Al final, el jurado premió a la selección brasileña de fútbol por sus cinco coronas mundialistas. Las crónicas de entonces hablan de que entre los veinticinco candidatos estaba Michael Schumacher. Lo habría ganado de haber contestado afirmativamente a aquel *mail*.

Fue una prueba más de la dimensión mundial de su figura, siempre profesional, muy correcto con los patrocinadores y en las entrevistas, pero también distante. Y muy celoso de su vida privada. En más de una ocasión nos informó a los medios de la posibilidad de actuar judicialmente contra aquellos que publicaran las fotos de sus hijos que estaban intentando colocar unos paparazzi.

La historia de amor de los premios Príncipe de Asturias con Schumacher tuvo otra negativa posterior, en 2004, y por idéntico motivo. Aunque esta vez no fui yo quien hice la función de intermediario. Lo hizo un conocidísimo periodista que entonces era miembro del jurado. Todos los galardones de este estilo siempre se saben antes de la decisión oficial.

Así pasó un año después, cuando el elegido fue Fernando Alonso y lo adelanté en la portada del *AS*. Justo horas antes de que el jurado diera su veredicto. Una portada para la que hubo no pocas dudas y temores que yo nunca tuve. El miedo en la redacción se produjo porque dentro del jurado hubo una guerra mediática para que no ganara el premio un deportista tan vinculado entonces a Telecinco. La bandera de Ángel Nieto fue enarbolada por Televisión Española. Y se usó como argumento que el asturiano aún no era campeón del mundo de Fórmula 1. Pero como siempre, se impuso el criterio de los organizadores. Una vez sabido que el candidato puede ir a recogerlo y tiene el visto bueno de la Casa Real, la suerte está echada. Era una portada cien por cien segura.

Aquellos premios que tuvieron a Alonso como protagonista hicieron justicia con el ovetense. Y cumplieron su objetivo de relevancia nacional e internacional. Fue tremenda la ovación que le dieron a Fernando a la puerta del Hotel Reconquista. Al son de los gaiteros se le puso la carne de gallina. Y un día después festejó su primera corona con los aficionados y dijo una frase histórica: «Si algún día visto otros colores, seguir siendo la marea azul». Fue la pista pública de su salto, ya cerrado en ese mes de octubre, a McLaren.

Schumacher y Alonso habían mantenido históricamente una relación correcta. Ahí está el abrazo del piloto germano nada más ganar Fernando su primer título, pero se alejaron mucho el uno del otro durante 2006. La lucha por el título mundial, con demasiadas cosas fuera de la pista, distanció a ambas figuras.

Pero, de nuevo, ese curioso vínculo entre ambos, el premio Príncipe de Asturias del deporte, volvió a unirles en 2007. Veleidades del destino. Seguramente el ovetense no habría ganado en 2005 de recibirlo el año anterior otro piloto de Fórmula 1. Habría tenido que esperar quizás una temporada más. Después de doce meses retirado y al tercer intento por parte de la organización, el Kaiser dijo que sí al galardón y acudió a Oviedo a recibir el premio. Fernando y Michael comieron juntos la víspera y el alemán terminó encantado con su hospitalidad. Y con las razones del premio: «Estoy orgulloso de recibirlo, porque me lo dan doce meses después de dejar las carreras y porque también han pesado otras connotaciones sociales». Sus obras de caridad estuvieron presentes en la alocución del Príncipe.

La noche de los premios, donde se prohíbe la entrada al hotel Reconquista a todo periodista que no sea de las cinco grandes televisiones, y todo está pensado para la entrevista en directo en los telediarios, Michael tuvo unas palabras poco premonitorias: «No sé cuando vendrá Alonso o si vendrá alguna vez a Ferrari, pero en los próximos tres años seguro que no, porque hemos renovado a nuestros pilotos para las tres próximas temporadas». *Schumi* se refería a la pareja Massa-Räikkönen para 2008, 2009 y 2010. Le sobró el último año.

Y la otra frase con la que me quedé fue más acertada. Matías Prats le preguntó con su estilo inconfundible: «Señor Schumacher, ¿cree que Alonso podrá igualar sus siete títulos mundiales?» A lo que Michael, en alemán y con traducción simultánea, replicó: «No lo sé, pero en automovilismo, a diferencia de otros deportes, los éxitos no dependen solo de la calidad del piloto, también del coche que tengan entre manos. Esto no es atletismo, y si el monoplaza no es bueno…». Si la F-1 solo dependiera de la calidad, regularidad y mérito de sus estrellas, Fernando tendría ahora cuatro o cinco coronas y sí que sería una amenaza real para las marcas legendarias del germano.

En mi trato personal con Michael lo que más destacaría es el brillo que tiene. Ese aura tan especial que desprenden siempre los campeones. Incluso ya en la decadencia de su vuelta a las carreras en 2010. Solo había que verle cómo sonreía con su último e inesperado podio en 2012 en Valencia.

Durante varios años compartí con él y un selecto grupo de periodistas fiestas de grappa y karaoke en Madonna di Campiglio, en la concentración invernal de Ferrari. Y también varias cenas, a cual más jugosa, durante la celebración del GP de España en Montmeló. La primera vez que acudí a una de esas veladas de tarde (que en realidad empezaban a las siete y terminaban entre las ocho y media y las nueve) me senté enfrente de Michael y me di cuenta de su carácter ordenado y meticuloso. De cómo doblaba la servilleta antes de marcharse, de su amabilidad exquisita. Todo formaba parte de su profesionalidad. No era una simpatía natural.

Al día siguiente, Michael se podía cruzar contigo en el *paddock*. Tú le hacías un gesto con esperanzas de que te reconociera y nada, ni te veía… Ya podrías haber estado dos horas hablando de fútbol, de los pilotos españoles, hasta de cocina… que el distante Kaiser ni siquiera saludaba. Algo que nunca le verás hacer a Vettel, por ejemplo.

Hablando de cocina, la velada en la que me dejó más perplejo Michael fue aquella en la que dijo que no le gustaba demasiado la gastronomía española. Eso te demuestra que ser piloto de Fórmula 1 es solo eso, tener un don y unas narices suficientes para llevar un coche más allá de donde llegan los mortales. Pero eso no les convierte automáticamente en personas cultas, con clase, elegancia, conocimientos suficientes de historia y de política. Y, desde luego, escuchar a Michael decir que no le gustaban nuestros manjares y elogiar la comida alemana, en fin... Esta fue su respuesta a una inocente pregunta sobre la cocina de nuestro país: «No, no me gusta demasiado. Hace poco fui a un restaurante no muy lejos de aquí, del que me habían dicho que era muy bueno, el Racó... (se refería al Racó de Can Fabes del prestigiosísimo chef, ya fallecido, Santi Santamaría). Y la verdad es que no me gustó... Pocas cantidades...». Los comensales nos miramos alucinados y pensamos automáticamente en el chucrut, las salchichas de Frankfurt, el codillo... Todo alta cocina germana. A Schumacher lo que realmente le gustaba con pasión era el sushi. En las carreras su preparador y mentalista indio se iba a buscarlo a Toyota y, con el papel de aluminio sobre el plato, lo llevaba por la parte de atrás al *motorhome* de Ferrari.

Otra de las noches más divertidas que vivimos en el *hospitality* pata negra de Ferrari (el del equipo) fue una en la que Philip Morris juntó al motociclista Carlos Checa, entonces en Ducati, con el Kaiser. A Michael se le ocurrió presumir de haberse iniciado en la escalada con cuerdas y de que le gustaban mucho los deportes de aventura. Pero no se dio cuenta de que si él tomaba riesgos, *El Toro* de las motos (por otro lado uno de los deportistas más buena gente que he conocido) iba mucho más allá. Carlos le invitó entonces a irse con él a hacer escalada libre (sólo con las manos), porque iba a estar una semana en algunos muros del Pirineo y Michael, con una media sonrisa, tuvo que declinar la invitación: «No puedo, mejor será que no, tengo hijos».

El pan, horneado allí mismo, un selecto menú y los cubiertos bañados en plata eran el reflejo de una Fórmula 1 de dispendio que ya no existe. No quiere decir que ahora se coma mal en Ferrari. Se sigue comiendo bien, pero en aquellas cenas se notaba que había más dinero para despilfarrar que en la actualidad. Otra anécdota que me gustaría destacar de esos encuentros de vino y rosas con Michael (aunque él no bebía) es la que protagonizó el periodista Carlos Olave, entonces en el diario *El Mundo*, en la primera cena a la que asistí. La noche se iba animando y Olave se atrevió a contarle un chiste a Schumi. Si ya es difícil que un alemán entienda nuestro humor, más duro aún es hacerle comprender un chiste de Lepe. Así nos reímos sin parar con su traducción al inglés. Eran cenas distendidas donde el Kaiser nunca sabía por donde le íbamos a salir.

Solo unas horas después la casa donde tan amablemente nos habían recibido volvía a convertirse en inexpugnable para los periodistas. Ese *hospitality* le servía a Schumacher, Barrichello y al equipo para estar al margen de todo. Fue una idea de Jean Todt que siguen a rajatabla desde hace casi dos décadas. En las carreras europeas, existe un camión solo para la prensa. Y solo se les permite entrar a ese *motorhome*. Hay otros equipos en los que no existe esa división.

Si el germano transpiraba profesionalidad en los actos con los patrocinadores, su corrección era ya absoluta en el cara a cara con los periodistas. No tenía demasiadas esperanzas de sacarle algo bueno el día que me tocó entrevistarle después de sufrir un tremendo accidente en una sesión de entrenamientos en Montmeló. Se le rompió la suspensión trasera a 250 km/h. Cuando iba en el coche hacia el circuito, una llamada de Luca Colajanni me avisó de que nuestro encuentro iba a ser dos horas antes. El Kaiser daba por concluidos los entrenamientos y se marchaba de vuelta a Suiza. Sin embargo, fue ese día cuando me dio sus mejores respuestas y mostró su mejor cara, lejos de sus átonas y aburridísimas ruedas de prensa. Michael procuraba mirar a los ojos. Se le veía franco y sincero. Llevaba entonces cinco títulos mundiales. Como no me podía andar con rodeos, teníamos quince minutos, disparé…

—Michael , muchos le ven como una leyenda viva de la F-1, alguien inalcanzable…

—No soy una leyenda, solo soy un tipo con suerte. He tenido suerte de dedicarme a lo que me gusta, hacerlo bien y poder ganar dinero más que suficiente para vivir bien con mi familia. Yo solo soy una persona normal y corriente.

Y sí que es cierto que, fuera del caparazón donde se encerraba en las carreras, Michael tenía las maneras de un joven de Kerpen. Multimillonario, eso sí, pero amante de los vaqueros ajustados y los cinturones de hebilla metálica con inscripciones. También de las Harleys y de la estética un punto macarra. Eran las dos de la tarde, volvieron a sonar los coches en pista y le pregunté sobre su futuro…

—Con todo lo que ha ganado, ¿no le dan ganas de dejarlo ya y no jugarse nunca más la vida?

—Está claro que sigo porque no he perdido motivación. Corro para ganar y no por engordar unas estadísticas. Cuando me subo en un coche no pienso en mis hijos, solo en hacerlo lo mejor posible. ¿Fangio? Lo suyo tenía mucho mérito porque la F-1 entonces era más peligrosa.

Con estas palabras Michael es fiel a sí mismo. Y siguió corriendo y dando saltos en los podios hasta que perdió las ganas de seguir en 2006 y se retiró por primera vez. Hubo factores que le empujaron a marcharse de las carreras, claves hasta para un purasangre como él que se aburre fuera de los circuitos. Por supuesto, el primero fue la familia. Corinna, su mujer, estaba cansada de sus ausencias después de casi década y media en los circuitos. El segundo fue el equipo. Ferrari quería savia nueva. Iniciar otra etapa con el que fuera gran rival de

Alonso en 2005, Kimi Räikkönen. Y el Kaiser no vio mucha pasión a su alrededor a favor de su continuidad. El tercer factor fue tener enfrente a un rival tan duro como Fernando en la recta final de su carrera.

Nada más terminar la entrevista, Schumacher se levantó e intenté preguntarle la razón de su accidente a 250 km/h. Habíamos estado tan a gustito en los quince minutos estipulados que pensé que no le importaría contestarme. Sabía que se le había roto algo en el coche, pero la versión oficial era otra, como sucede habitualmente en Fórmula 1. Así que me fui detrás de él preguntándole: «Michael, ¿cuál ha sido la causa del accidente?». Siguió dándome la espalda mientras caminaba sin contestar. Volví a intentarlo y… nada. Así que le golpeé en el hombro con más fuerza de la que permite la diplomacia y repetí: «¿Que cuál ha sido la causa?». Al fin se giró y, sin mirarme a los ojos me respondió entre dientes: «Mistake (error)…» Así tapó una avería en la suspensión, un problema de fiabilidad de su equipo, y volvió a marcar, como casi siempre, las distancias.

Años después llegó su inesperado regreso, que adelantó Eddie Jordan, aunque muchos entonces no le creyeran. Pero estaba en lo cierto, Schumacher se aburría en casa y tampoco sus carreras de *superbikes* le llenaron. Peor aún, se cayó y se lesionó el cuello. Y no quiso, por ese motivo, aceptar la oferta de Montezemolo para que sustituyera a Massa después de su accidente en 2009. Dijo en un primer momento que sí, pero después se arrepintió.

La excusa oficial hizo referencia al estado de sus vértebras. Sin embargo, dicen las malas lenguas que influyó mucho el desastroso coche al que tenía que subirse, el F60, sin poder, además, rodar un solo kilómetro previo de test. Y también que no le salió como deseaba el ensayo que hizo sobre un GP2. La difícil misión de reemplazar a Massa recayó finalmente en Badoer, que hizo el ridículo, y después en Fisichella, que pasó de luchar por la victoria en Spa al volante de un Force India (frente a un brillantísimo Räikkönen) a pelear con un monoplaza que era un potro de tortura lleno de complejos botones.

Ya por entonces el puesto de asesor deportivo de Michael estaba en la cuerda floja después del episodio de Sepang. Fue Schumi el ideólogo del gravísimo error malayo, cuando le pusieron ruedas de lluvia extrema a Räikkönen con asfalto seco a la espera de una tormenta que nunca llegó. Era sobre todo un puesto de imagen como premio a los servicios prestados, que no le hacía demasiada gracia a su sucesor finlandés. Y se rumoreaba que recibía por ese trabajo cuatro millones de euros. Nunca trascendieron cifras oficiales.

Para 2010 desembarcaba Alonso y no tenía mucho sentido ya su presencia en la escudería. Lo curioso es que el anuncio de la vuelta del heptacampeón fue reventado por el presidente Luca di Montezemolo en la tradicional cena de Navidad con un reducido grupo de la prensa internacional. Fue un 18 de diciembre.

La nieve rodeaba las carreteras de Maranello y la cita era en el circuito de Fiorano. Un trazado mítico construido por Enzo Ferrari hace cuatro décadas. Nada más llegar, te encuentras el caza al que se enfrentó Gilles Villeneuve con su F-1, regalo del ministerio de defensa italiano. De frente, la casa donde se quedaba muchos días a dormir 'Il Comendatore'. Y a los lados de la misma, los antiguo boxes. Los de la izquierda se han convertido, con los años, en un salón multiusos. Allí se celebró esta comida presidida por un monoplaza Ferrari. Antes, nos enseñaron donde montan los motores V12 en ese parque temático que es la fábrica de Maranello. Naves colocadas en hilera y con calles que homenajean a todo sus campeones del mundo. Hay coches de ensueño por todas partes.

Como siempre, sin pregunta alguna, Montezemolo

comenzó a hablar como una cinta sin fin. Y nos dejó alucinados a todos: «Les voy a contar que ayer recibí una llamada, era del otro Schumacher». Asombrados y con el yugo de que todo lo que dijera estaba férreamente embargado a la edición de dos días después, Montezemolo, blazer azul con botones dorados, pañuelo en el bolsillo, estudiada melena ligeramente despeinada y servilleta que doblaba cuidadosamente después de secarse los labios, nos habló sobre el regreso del Kaiser: «El Michael que yo conocía quería retirarse con Ferrari. Éste me ha dicho que existe una muy fuerte posibilidad de que vuelva a competir el año que viene con Mercedes. No está al cien por cien decidido, pero eso es lo que decía ayer. Desde que se supo que a lo mejor volvía con otra escudería, nuestros *tifosi* nos escriben mensajes diciendo que es un traidor. Yo no quiero pensar eso. Después de catorce años le considero un amigo. Tu puedes a veces discutir con tus mejores amigos, pero nunca olvidaré lo que él hizo por nosotros y no olvidará lo que nosotros hicimos por él».

De esta manera logró el hábil dirigente italiano que no se hablara del *annus horribilis* del equipo de Maranello en la temporada 2009. En Ferrari son especialistas en cortinas de humo cuando las cosas van mal. La más grotesca fue la de Valentino Rossi. Aquellos famosos test de 2005 en Cheste. Nunca pudo dar el salto de verdad a la Fórmula 1.

Las tres últimas temporadas de la vida deportiva de Schumi fueron un fiasco. El Mercedes nunca estuvo a la altura. Hubo gotas, eso sí, de su talento. Como la increíble *pole* que logró en Mónaco 2012, aunque luego se la quitaran por una sanción previa. O las clases de pilotaje en agua que les dio a Webber y Massa en el asfalto mojado de Montreal 2011.

Siempre fue un 'bad boy', un campeón pendenciero y duro, pero Michael no aparentaba otra cosa. Nunca quiso adoptar la empalagosa e hipócrita línea de buenismo del primer Hamilton o el sonriente Vettel. Un caimán devorador de victorias no puede vestirse de abuelita ante la Prensa. Por ejemplo, su personalidad quedó clara el día que plantó su coche en medio de la Rascasse de Mónaco para que Alonso, que venía justo detrás, no hiciera la pole. Fingió un accidente, pero de manera tan perfecta, ni siquiera dañó el coche, que cantaba a leguas... En la rueda de prensa posterior su discurso fue antológico ante los que dudaban de su actuación: «¿Y tú qué sabes? ¿Alguna vez has ido en un Fórmula 1 para poder opinar?». Hubo que esperar ocho largas horas hasta que salió su penalización. Le mandaron al fondo de la parrilla y él siguió clamando, desde lo alto del camión de Ferrari, por su inocencia. Joaquín Verdegay era uno de los comisarios de la prueba y aún hoy no da crédito a que Michael negara lo que mostraba su telemetría.

Si eso lo trasladáramos a la actualidad, Vettel habría pedido disculpas, pero diría que no fue esa su intención. Con cara triste, eso sí. Y Hamilton le habría echado la culpa a Alonso después de recordar sus orígenes humildes y que está aquí para hacer feliz a la gente.

En las dos despedidas de Michael Schumacher convive el mismo elemento: una parte de él quería quedarse. Sobre todo en esta última y definitiva de 2012. Discutía con su equipo Mercedes sobre la posibilidad de seguir uno o dos años, seguía arrimándose a los muros sin complejos, y estaba tranquilo con la promesa verbal de que esperarían su decisión. No lo hicieron y el Kaiser se sintió traicionado por Ross Brawn y Norbert Haug.

La conjura comenzó en uno de los salones del lujoso hotel Conrad de Singapur. Eran las cuatro de la mañana del domingo al lunes. Después del gran premio, Niki Lauda, nuevo consejero de Mercedes para la F-1, intentaba convencer a un abatido Hamilton de que fichara por ellos. Lewis estaba disgustado por la avería de su

McLaren cuando iba primero. El hábil austriaco le habló del desafío, de que necesitaban un líder de futuro… Y le convenció. El miércoles recibió la llamada del campeón de 2008 aceptando la propuesta. El jueves fue Sergio Pérez quien se llevó el regalo de fichar por McLaren, sustituyendo a Hamilton.

Todo quedó feo, muy feo. Se supo antes el fichaje del inglés que la despedida del heptacampeón. Entre Singapur y Japón llamó a algunos viejos amigos como Peter Sauber para ver si podía seguir corriendo otro año más. Se habló de Lotus… No había sitio posible para él.

El coronel ya no tenía quien le escribiera y tuvo que anunciar el jueves antes del gran premio en Suzuka su adiós definitivo de las carreras. Lo hizo serio, con emoción en la voz, una tensión ambiental palpable y rodeado de los últimos jefes de su carrera deportiva: «He decidido retirarme a final de año, aunque sigo siendo suficientemente capaz de competir con los mejores pilotos que me rodean. Pero llega un momento en el que es bueno decir adiós. Esta vez podría ser para siempre. Obviamente el fichaje de Lewis me ha ayudado a dejarlo. Yo aún no había decidido en ese momento lo que iba a hacer. Tenía dudas. A veces en la vida es el destino el que se desarrolla por sí mismo y así lo ha hecho. Pero sin rencores y sin ningún remordimiento». Un campeón así debería haberse ido antes de que le echaran o al menos escenificarlo de otra manera distinta a la de Suzuka.

Atrás quedan 307 carreras, 91 victorias, 68 poles, 77 vueltas rápidas, 1.566 puntos, siete títulos mundiales y 155 podios. El último lo consiguió en el GP de Europa de 2012 en Valencia, después de una buena remontada. Schumacher obvió en su discurso de agradecimientos a Brawn y Haug: «Me gustaría dar las gracias a Mercedes-Benz, el equipo, los ingenieros y todos mis mecánicos por toda la confianza que depositaron en mí estos años. Me siento liberado de todas mis dudas y está claro que mis ganas de competir han sido perjudicadas por la falta de competitividad. Hemos fallado en nuestro objetivo de construir un coche ganador, pero eso no quita para que esté orgulloso con mi rendimiento en todas las fases de mi carrera deportiva».

A Michael la voz se le quebró mientras le daba las gracias a su mujer Corinna. Dijo que seguiría trabajando al máximo hasta final de año y en ese momento el abarrotado *hospitality* del equipo estalló en aplausos. Se me puso la carne de gallina. Igual que aquel día del lejano 2000, también en Suzuka, cuando le vi ganar su tercer título mundial. El primero con Ferrari, «el mejor recuerdo», según confiesa el propio Michael, «de toda mi carrera deportiva, por lo que significó para mí y para Ferrari después de tantos años sin victorias».

Vi entrar en meta al Ferrari número tres brazo en alto desde la antigua sala de prensa del trazado nipón, con los asientos de los periodistas colocados en forma de grada, delante de la pista. Como debe ser. Nada que ver con los últimos circuitos del diseñador Tilke, donde se nos aleja de la línea de boxes.

Y, cuando bajé al pit lane, me encontré un circuito casi de noche y a Schumacher subido al muro saludando al público. La grada aparecía mágica, salpicada por flashes a modo de estrellas… Le rodeaba un equipo enfervorizado y una nube de cámaras y fotógrafos. Terminaban esa tarde con más de dos décadas de sequía de Ferrari sin títulos de pilotos. Al intentar bajar de allí Michael se agobió por la masa de periodistas gráficos que le rodeaban y se puso a gritar: «¡Fuera, fuera!». Tuvimos que salir de allí mientras le abrían paso para que regresara a su box. Durante toda la tarde dos mecánicos vigilaron la entrada al garage. El viejo *paddock* de Suzuka era asfixiante. De apenas dos metros de anchura entre la zona a espaldas del *pit lane* y las viejas casetas para las escuderías.

Al fin y al cabo, solo es un apasionante trazado de pruebas de Honda convertido gracias a Prost y Senna en leyenda de la F-1. La fiesta del título no fue esa vez en la tradicional casita de los karaokes, un idílico chalecito en el jardín del hotel pegado al circuito. Schumacher se encerró con su hermano Ralf y su amigo Olivier Panis, entre otros, en una de las casetas de boxes. La fiesta privada, regada por el champán, terminó con un televisor volando por la ventana. Eran las tantas y ya no quedaba nadie en la pista. Nunca se supo quien fue el lanzador. Yo no creo que fuera Michael.

A solo unos metros de donde comenzaron juntos la era más gloriosa que se recuerda, Ross Brawn asistía como cómplice al adiós del Kaiser. Doce años después de que alcanzara el éxtasis por delante del McLaren de Hakkinen, un abatido Brawn habló de él como «el piloto del siglo». Además de reconocer el volantazo que se culminó en la sudorosa noche de Singapur: «Alguien como Lewis no está disponible todos los días». Se trataba de hacer un superfichaje con el que garantizar la continuidad del equipo de plata.

Ahora Schumacher se divierte con el karting, rueda en los libres de las World Series, y es embajador deportivo de Mercedes. En Alemania su tirón sigue siendo indiscutible. Sin ir más lejos, el año pasado los fans del circuito de Hockenheim con los que hablé seguían confesándome que ellos eran de Michael, nada de Vettel. Cuestión de tradición y carisma, de veneración al hombre que le dio a Alemania su primer título mundial de Fórmula 1, el heredero del malogrado Wolfgang von Trips.

De todas las leyendas que circulan sobre Schumi la más hermosa es la que le vincula a aquel piloto que iba para campeón en la trágica F-1 de los sesenta. El heptacampeón no habría sido nadie sin la ayuda involuntaria del conde Von Trips, que murió en Monza, ocho años antes de que Michael naciera.

Von Trips falleció el 10 de septiembre de 1961 por el impacto de una rueda después de chocar con Jim Clark. Además de él, perdieron la vida trece espectadores. Aquel año lideraba el Mundial y estaba a un paso de ser campeón. Poco antes de morir abrió el primer kárting europeo en unas tierras cercanas a su castillo.

Quería fomentar su deporte entre los más jóvenes y para ello fabricó unos pequeños coches llamados *go karts*, similares a dos que compró en Estados Unidos. Tras su desaparición, su familia necesitaba un encargado para cuidar de los coches y pensaron en un mecánico local, un tal Rolf Schumacher. El padre de Michael metió a sus dos hijos desde muy pequeños en el kárting.

Como Schumi, Von Trips corrió en sus inicios por Mercedes. Michael repitió incluso en el tramo final de su carrera. Nacido en 1928, era todo un seductor. Ganó dos carreras y perdió aquel Mundial de 1961 por solo un punto. Pilotaba en aquella carrera trágica de Monza un Ferrari 156. Sumó treinta y tres puntos, los mismos que la edad que tenía. Con ese signo del tres como unión cósmica, Schumi logró su primera corona treinta y tres años después, en 1994. Este conde alemán criado en las afueras de Colonia sabía cuatro idiomas (aprendió inglés con los americanos que ocuparon sus tierras en la guerra) y dicen que llegó a enseñar a conducir al rey don Juan Carlos, entonces príncipe.

Su escudo de armas reza *In Morte Vita* (En la muerte está la vida). De este lema Schumacher es el mejor ejemplo. Y también Vettel, su sucesor, la nueva estrella salida de la cantera de Kerpen. Aquella creada por un conde solo unos meses antes de morir. Von Trips, el piloto que se reencarnó en Michael Schumacher. O no…

Capítulo 3

Vettel y el vuelco del destino

*D*espeinado y recién levantado después de doce horas de vuelo, aquel chaval rubio tenía un brillo especial. Acababa de aterrizar en Frankfurt procedente de Nagoya y a la puerta del avión le llovían las felicitaciones. La familia alemana de la F-1 se rendía ante Vettel. Los jefes de Mercedes (Norbert Haug) y BMW (Mario Theissen) le encumbraban por su triunfo en Japón 2009. Iba solo y repartía medias sonrisas de timidez y satisfacción. Hasta Ralf Schumacher, que regresaba de tierras orientales después de un baldío intento de negociar su vuelta a las carreras, bromeaba con él...

El aspecto de Sebastian era el propio de muchos viajeros de larga distancia en primera clase, con pantalón de chandal (para no dar el cante de ir en pijama), camiseta y sudadera... Tenía aire de ir a por el pan en Heppelheim, su pequeña ciudad natal de 25.000 habitantes, donde paseaba con su novia de toda la vida, la que conoció en el instituto, Hanna. Por aquel entonces, soñaba con compartir algún día parrilla de Fórmula 1 con su ídolo Michael Schumacher... Ese día en Frankfurt transpiraba tranquilidad y sencillez. Y se le veía la cara de campeón en ciernes. Un piloto que ya le habría ganado el Mundial del doble difusor a Button de no cometer dos errores en Australia y Mónaco.

La carrera meteórica del hijo de un carpintero, Norbert, siempre ha estado, sin embargo, marcada por los caprichosos giros del destino. Como todas las estrellas de la Fórmula 1 actual, Sebastian no anduvo nunca sobrado de medios económicos para correr. El vigente campeón del mundo siempre llevaba karts antiguos reparados para ahorrar y su padre tuvo que empeñarse para que su hijo siguiera compitiendo. Y cuando parecía todo perdido, apareció en su vida Michael Schumacher, que conoció al niño en su karting de Kerpen. Aquel que fundara el malogrado expiloto de Fórmula 1 Wolfgang von Trips. El Kaiser convenció a su antiguo mentor, Gerhard Noack, para que apoyara a aquel chaval de diez años que afrontaba las carreras de agua con ruedas de seco. De esa falta de medios nació su maestría bajo la lluvia. Michael fue su padrino cuando solo era un niño, y años después, en su última carrera en Fórmula 1, se dejó pasar por el Red Bull azul para que se consagrara ante toda Alemania como su heredero. En Interlagos se cerró el círculo.

Su descubridor Noack, el equivalente a lo que Genís Marcó fue para Alonso, recuerda lo que Vettel ha significado en su vida: «Dediqué mucho tiempo y esfuerzo, diez años, en sacar adelante la carrera de Sebastian. Traspasé mi negocio en 1997 porque estaba convencido de que algún día se convertiría en campeón del mundo de Fórmula 1. Parece que la inversión mereció la pena. Y no me he hecho rico por ello. Es solo un caso de satisfacción personal. Seb no ha cambiado. Es muy humilde y está rodeado siempre que puede por sus padres y hermanos». Su padre es el conductor del lujoso *motorhome* donde a Vettel le gusta dormir en algunas de las carreras europeas.

El tricampeón es tremendamente celoso de su vida privada, y según Noack, su mayor virtud es la voluntad: «Nunca se rinde. En eso es como Schumacher. Además, siempre está aprendiendo. No suele repetir sus errores. Y le gusta tener a los suyos alejados de los focos. No como Lewis Hamilton que quizás haya perdido parte de su vida privada».

Aún bajo la tutela de Noack, Helmut Marko fichó a Vettel para su programa de jóvenes pilotos. Tenía solo 13 primaveras. Sobre su cama colgaba un lema de su ídolo Lance Armstrong: «Pagué con galones de sudor cada una de mis victorias». El joven Seb siempre le puso mucho empeño a las cosas. Un día de pequeños su hermana hizo mejor tiempo que él en el kart que tenían. El rubio de oro cogió tal enfado, que se quedó sin cenar y no paró de dar vueltas hasta rebajarlo. Como otros pilotos de la parrilla, no soporta perder.

Arrasó la Fórmula BMW alemana en 2004 con 18 victorias en 20 carreras. Un año después fue el mejor debutante de las F-3 Euroseries y en 2006, perdió por sus propios errores las Euroseries ante Paul di Resta. El escocés, que pilota ahora para Force India, se considera desde entonces mejor que el piloto germano y nunca pierde la ocasión de meterle el dedo en el ojo: «El mejor es Alonso. Seb tiene la ventaja de tener el mejor coche». En el juego de las sillas de las jóvenes promesas mientras a Di Resta no le quedaba otro remedio que irse al DTM (Alemán de Turismos) con Mercedes, a su rival, que brilló en sus incursiones en las World Series, le tocó un premio más gordo. El fichaje como tercer piloto por BMW. En aquel 2007 el probador sí que rodaba mucho los viernes. Kubica, uno de los titulares, decía a sus íntimos que no le veía tan bueno, que iba deprisa porque rodaba siempre en los primeros libres con neumáticos nuevos.

El segundo golpe del destino fue el grave accidente del polaco en Canadá. La FIA no le dejó correr una semana después en Indianápolis y Vettel debutó en Fórmula 1 con un octavo puesto. Se quedó a dos décimas en calificación de Heidfeld. Eso fue lo más brillante. La carrera no lo fue tanto y BMW decidió no contar con él para 2008.

Red Bull le colocó ya a finales de 2007 en su equipo B, Toro Rosso, algo que pudo parecer un paso atrás. Sin embargo, aquel monoplaza italiano era mejor que el titular por el empeño de Mateschitz en lanzar su nueva escudería (la antigua Minardi). Y en Monza 2008, bajo la lluvia, explotó el fenómeno Vettel. Marcó de manera magistral la pole y logró la victoria. Al bajarse del coche Alonso fue el primero en abrazarle y dedicarle unas hermosas palabras: «Le felicité porque es muy meritorio ganar un gran premio por primera vez, y más aún con una escudería pequeña como Toro Rosso, que no está acostumbrada a hacerlo». Fue su particular bienvenida al club de los grandes pilotos de la F-1. El agua sobre la que voló en Italia era algo que le era familiar desde su debut con tres años y medio en el pequeño párking delante de su casa en la DaimlerStrasse de Heppenheim. El espacio era tan pequeño para hacer un circuito que Norbert Vettel lo mojaba para que el niño pudiera tener al menos una curva creada con sus propios derrapes.

Hanna no suele ir a los circuitos. Su última aparición pública en una pista fue en el GP de Brasil de 2012. Allí se la vio correr melena rubia al viento a abrazar a su chico. Llevaba la camiseta azul oscura del tercer título («V3TTEL»). Era la representación de la alegría... Llevan siete años de relación y vive con él en una enorme casa de campo en Thrugau, en la Suiza alemana, a pocos kilómetros del lago Constanza. Tiene veinticinco años y está terminando sus estudios de diseño de moda. En los circuitos ha tenido que compartir a su chico con 'Julie', 'Kate', 'La hermana sucia de Kate', 'Lujuriosa Liz', 'Mandy la cachonda', 'Pervertida Kylie', 'Abbey' y la actual 'Hambrienta Heidi'. No, no es que a Seb le gusten los night clubs. Son los nombres con los que ha bautizado a los coches desde 2008. La tendencia sexy nació después de su accidente con Kubica en Australia 2009. 'Kate' tuvo que ir al desguace y al nuevo chasis le puso el mote de su hermana sucia. Como le trajo suerte, repite el chiste desde entonces.

Las biografías más generosas dicen que Vettel está en Suiza (paraíso fiscal) por la tranquilidad. Algo cultivado también por él mismo: «Donde yo vivo hay más vacas que personas. Es muy diferente a lo que sucede en la Fórmula 1. Estamos muy ocupados todo el año y con demasiada atención sobre nuestras cabezas. Cuando estoy fuera de los circuitos necesito sobre todo paz y tranquilidad. No me llama la atención vivir en lugares como Mónaco donde están otros pilotos. ¿Un jet privado? Respeto a quien lo tenga, pero no le veo mucho sentido». En su empeño por hacerle parecer aún más normal de lo que ya es, en los medios alemanes elogian que en sus cenas con periodistas nunca suele invitar. Dividen el total a escote. En España le diríamos otra cosa: estírate hombre, que estás forrado... Pese a no ser el piloto mejor pagado de la parrilla, honor que tiene Alonso, al tricampeón se le calcula una fortuna de unos cincuenta millones de euros.

Tiene en su casa de campo una enorme sala con sus trofeos y conserva todas las botellas de champán de cada uno de sus podios en Fórmula 1. Allí le gusta encerrarse y venirse arriba después de una mala racha de resultados. Posee un Ferrari con el que no le gusta que le vean demasiado y una furgoneta VW Caravelle de segunda mano sobre la que sí se ha filtrado mucho a la prensa. Todo para que se sepa lo sencillote que es. Markéting se llama... Y también la obsesión que tiene por no mostrar sus riquezas. Dicen en la prensa alemana que es por seguridad. Teme que a alguien se le pudiera pasar por la cabeza intentar secuestrar a su hermano menor, Fabián. Su éxito ha cambiado la vida de su familia. Su padre no puede trabajar más como ebanista porque los posibles clientes no llevan bien pagarle al padre de un multimillonario. En Suiza vive a solo tres horas en coche de la casa de sus padres.

Y que a nadie le quepa duda, 'Seb', como buen seguidor histórico de Schumacher, es Ferrarista de corazón. Eso sí, nunca querrá ir a la escudería de Maranello mientras allí esté Alonso.

Siempre con permiso de ese espíritu libre que es Räikkönen, en conjunto para mí Vettel es el tercer piloto de la parrilla, pero con margen sobre el resto y no demasiado lejos de Alonso y Hamilton. Pero si a eso le sumas el mejor equipo y coche de todos, una tremebunda rapidez a una vuelta, una encomiable capacidad de trabajo (habla con todos los ingenieros para intentar aprender de cada aspecto de la F-1), ciertos errores que le han beneficiado desde los despachos (estorbó a Alonso en Suzuka 2012, le declararon culpable y no le penalizaron con puestos en la parrilla, las banderas amarillas de Brasil…) y las oportunas dosis de suerte… Entonces encontramos las razones de su era triunfal con Red Bull. Y que nadie lo entienda mal, para ganar en la F-1 también ayuda ser el más fuerte fuera de la pista. Mérito de la escudería de la bebida energética. Ya les gustaría a otros tener ese peso político.

Porque la historia sería ahora muy distinta si la pelota que se quedó en la red en Abu Dabhi 2010 no hubiera caído del lado de Ferrari. Salvo en 2011 sus títulos los ha logrado in extremis. Y cada momento triunfal ha venido acompañado de épocas previas de zozobra. Recuerdo su cara cuando nos cruzamos en el desayuno en el hotel Pan Pacific del aeropuerto de Kuala Lumpur. Solo unas horas antes de su primera victoria de 2010. Eran las diez y cuarto de la mañana y ya desde esos primeros minutos del día, se le notaba nervioso, intranquilo.

Venía de una victoria que se le había escapado en Bahrein porque se quedaba sin gasolina y de otra casi segura en Australia por un error en boxes. Mientras se echaba yogur sobre un bol de cereales con la mente en otra cosa, le dije que no corriera demasiado, y como la broma no le gustó (regla básica con los alemanes, no entienden nuestro humor), finalicé una conversación que tenía poco futuro con algo de ánimo: «Tranquilo Sebastian hoy estarás arriba seguro». El piloto de Red Bull, masculló un «uf, a ver, a ver» y con una sonrisa nerviosa se fue a charlar con el exgurú de Michael Schumacher, entonces en Force India. Balbir Singh fue durante diez años la mano derecha del Kaiser. Le preparaba y controlaba su dieta, vigilaba su preparación física y le enseñó técnicas de concentración para visualizar la salida antes de la carrera y evitar los errores. Muchos le vieron como su talismán y el joven sucesor del Kaiser charló con él. Tal vez para ahuyentar el mal fario. Sebastian también estuvo serio y reconcentrado en la parada de los pilotos y ante las preguntas previas a la carrera que le hicieron un grupo de niños malayos. No quería encontrarse con nada o nadie que le diera mala fortuna.

Resulta curioso ver cómo se comportan los pilotos cuando extienden el *paddock* a un alojamiento cercano al circuito. Allí los directores de comunicación ya no están al acecho del periodista y se agradece ver el lado más humano de las estrellas del Mundial. El salón del buffet del desayuno es el punto de encuentro de la mayoría de los pilotos, pero apenas tienen contacto entre ellos. Son la demostración palpable del exagerado individualismo que reina en un deporte tan de equipo como este. Se mueven como entes independientes rodeados de sus respectivos entornos. Suelen saludarse amablemente pero poco más.

Al piloto germano no suele acompañarle demasiada

gente, pero hay tres personas que han sido, y en dos de los casos aún son, imprescindibles para él: Josef Walch, Tommy Parmakosky y Britta Roecke.

Empezando por el final, esta austriaca de 34 años comenzó trabajando como directora de comunicación de Red Bull, pero, desde 2010, se ocupa solo del alemán. Britta vive cerca de la casa de campo de Vettel. Le llama 'El jefe' y se ocupa de gestionar las peticiones de entrevista que le llegan de medio mundo.

Su mejor amigo en los circuitos es Josef 'Joschi' Walch, de cuarenta y siete años. Era el jefe de cocina de BMW Sauber el año en el que Vettel fue su piloto de pruebas y en la actualidad regenta un hotel, el Rote Wand ('Muro Rojo') en Austria. 'Seb' le apoda cariñosamente 'El Mánager' y le gusta frecuentar y disfrutar de la privacidad del Rote Wand. Son inseparables fuera de la pista. Otra de las virtudes que adorna al tricampeón es su alergia a la noche y el faranduleo de las carreras. Después de ganar en Singapur 2012 se fue a cenar con su fisio, y con Josef Walch y a las cuatro y media de la mañana (la carrera terminó a las diez de la noche hora local) estaba de vuelta en el lujoso hotel Conrad de Singapur. Sereno y con la clásica charla de antes de acostarse. A las seis, en los albores del día ya, aparecía un taxi con Jenson Button, su padre John y Jessica Mishibata. Venían de quemar la noche de esa ciudad-estado en el Amber Lounge, la megafiesta pija y de caras guapas que adorna algunas carreras a lo largo del año. Celebraban el segundo puesto del piloto inglés. El joven alemán ya estaba en la cama.

Otras de las personas de más confianza de Vettel es su fisioterapeuta. Ahora está junto a Heikki Huovinen, pero en su vida deportiva ha sido más importante el hombre con el que se convirtió en campeón, el exportero finlandés de hockey sobre hielo Tommy Parmakosky, de 28 años. Él fue su gran confesor en los circuitos y le mantuvo tranquilo frente a los juegos psicológicos de sus rivales. Después de ganar en 2010 de manera inesperada, y de arrasar en 2011 con un coche de otro planeta, en las últimas dos temporadas la obsesión de 'Seb' fue demostrar su clase y que no ganaba solo por el coche. Algo que insinuaban una y otra vez Hamilton y Alonso. Dardos que se clavaban en su ego de ganador. El alemán se picaba, su mayor defecto, y Parmakosky le pedía calma.

Recuerdo en ese aspecto el enfado que se cogió conmigo el piloto germano cuando le pregunté en una rueda de prensa FIA en el GP de Japón de 2011, y también a Button, Kobayashi y Kovalainen, sobre quién era el mejor piloto de la parrilla sin considerar la calidad de su monoplaza. Me clavó la mirada y respondió: «¿Qué es lo que nos quieres decir? Tú tienes que darte cuenta de que todos los pilotos de la F-1 se merecen su puesto en la élite. Obviamente hay algunos por los que tienes más respeto cuando luchas contra ellos. Es el caso, por ejemplo, de Fernando. Disfruto mucho con él en los cuerpo a cuerpo porque siempre sabe exactamente donde estás. Sabes que no te va a dejar mucho espacio, pero el suficiente para pasar». Me recordaba de esa manera tan ladina cómo había adelantado a Alonso por fuera dos carreras antes, en Monza. Entró al capote que le puse. Igual que no le gustó que los jefes de equipo votaran al español como el mejor piloto del año pasado. Helmut Marko, asesor deportivo de Red Bull Racing, se enfada si alguien de la escudería o de su cantera de jóvenes pilotos habla públicamente demasiado bien del asturiano.

El tricampeón no tiene mánager conocido, aunque sí uno en la sombra, el doctor Marko. Con Red Bull tiene contrato hasta 2015. Y solo con dar un paseo por la impresionante dársena que la escudería instala en Mónaco puedes ver quién es el verdadero rey de los truenos azules. Mientras Webber solo habla con los suyos, 'Seb' recibe el cariño de Marko, Newey y Horner, la plana mayor del equipo.

Ahora es lógico que el australiano sea su número dos, pero resultó asombroso que se comportaran así con él aquel 14 de noviembre de 2010. El día en el que cambió todo. Los responsables del equipo decidieron tirar al mar la carrera de Webber, que llegó líder del Mundial. Después de sufrir un toque con el muro le metieron en boxes. Se lo jugaron todo al alemán. Chris Dyer, el jefe de ingenieros de Ferrari, mordió el anzuelo e hizo parar también a Alonso. No se dio cuenta de que Petrov se había detenido ya. Metió a Fernando, que antes era un cómodo cuarto y virtual campeón, en tráfico. Solo tenían que haber copiado y seguido todo lo que hiciera Button, tercero en meta. El Renault fue un muro infranqueable gracias a una velocidad punta mayor que la del F10.

Vettel ganó la carrera y entró en meta sollozando. No era para menos. Justo en ese momento se convertía en el campeón más joven de la historia. Y en el podio, lloraba como un niño, con 'jipío' y todo, roto por la emoción… Después, en el box, le subieron en hombros sus mecánicos. Mientras tanto, cincuenta metros a su espalda, en el *hospitality* de Ferrari, el casi siempre rocoso Alonso se abrazaba uno por uno entre lágrimas a sus ingenieros. El sábado, con un tercer puesto en parrilla, estaba absolutamente convencido de que iba a ganar. El suyo era otro tipo de llanto. El de un milagro esfumado entre los dedos. La gesta nunca vista de ganar con el tercer coche de la parrilla… El caprichoso vuelco del destino… Dos campeones desarmados por la alegría y la pena… Deporte en estado puro… Fórmula 1.

Capítulo 4

El día de Pedro

Con el corazón fuera de sí, Pedro Martínez de la Rosa se baja de su McLaren y sube las escaleras de la torre de control de Hungaroring. Flota. Felicita al ganador, Button, y llega el último a la terraza del podio. Se sube al segundo escalón. Suena el himno inglés. Mueve su gorra. Mira al público. Busca caras conocidas. Suspira mientras suena el himno japonés. La gente grita. Entre el público, su mujer, Reyes, envía un mensaje por el móvil y después mira a la cámara, feliz. Él no deja de sonreir. Salta. Se toca la nariz. Levanta el puño con fuerza, ajeno a todo. Parece secarse las lágrimas. Una ministra húngara con la típica imagen de la era comunista le entrega el trofeo. Lo levanta. Lo mira. Más bien parece un jarrón de una tienda de todo a cien. Lo deja en el suelo con cuidado. No se puede romper. Agita la botella de champán con fuerza. Lanza su contenido al público y al cielo. Inolvidable. Hungría 2006.

Sin duda fue el mejor día de su carrera. Ese 6 de agosto, Pedro se despertó, miró por la ventana de su habitación y vio llover. Pensó que tenía mala suerte. Su coche volaba en seco y salía desde una cuarta posición. Quería una carrera tranquila. Un mensaje que todavía guarda de su primo Alberto Puig le tranquilizó: «¡Tú puedes!».

Solo quería volver a saborear la gloria, algo que no hacía desde su periplo en Japón. Fueron tres años complicados en lo personal (nuevo país, un idioma desconocido, tan lejos de casa…), pero grandes en lo deportivo. De entonces le viene el apodo de Nippon Ichi (el número 1 de Japón) que se ganó a base de victorias en la Fórmula 3, la Fórmula 3000 y el campeonato de GT´s. Competía junto a un puñado de pilotos extranjeros de alto nivel. Su mujer estuvo con él. En lo bueno y en lo malo.

Quién les iba a decir cuando se conocieron de niños practicando atletismo, que sus vidas estarían unidas y que, a miles de kilómetros de su Barcelona natal, lejos de los suyos, iban a vivir su aventura más gratificante. Forman una de las parejas más estables de la Fórmula 1. Ella le sigue, le apoya, le aconseja, le anima a seguir. Vivían en un pueblo cerca de Fuji llamado Gotemba. En un pequeño apartamento al lado de un arrozal. Tenía treinta metros cuadrados. La primera vez que lo vio, el prepotente Ralf Schumacher lo comparó con la caseta de su perro. Se acostumbró a correr bajo la lluvia nipona, con un pilotaje fino…Y eso se notó esa tarde de verano de 2006.

Quise revivir con él de nuevo ese día, y, en el GP de Canadá de 2013, aproveché una pausa en su apretada agenda de probador de Ferrari para sentarme con él un rato y charlar. Cuando habla de ese día se le nota orgulloso. Y no es para menos. Era la quinta carrera de su vida que corría con un buen coche y estuvo soberbio.

Aquellos instantes de gloria en Budapest nunca los habría vivido de no recibir una llamada de Ron Denis quince meses antes. Fue un domingo a las ocho de la tarde:

—Montoya tiene un hombro magullado por una lesión jugando al tenis. Tienes que estar preparado para Bahrein por si acaso.

Pedro no lo dudó un instante. Colgó y llamó a Juan Pablo:

—Me ha dicho Ron que has tenido un pequeño accidente y que puede que no estés listo para la próxima carrera…

El colombiano se rió y le dijo:

—Seguro que no voy a estar listo. Estoy lesionado y muy jodido. Vas a correr tú.

La raqueta tenía ruedas y motor... Su hombro estaba maltrecho por una caída de motocross. Pedro se hizo el loco y fue preparando en la sombra su regreso: «No le dije nunca a Ron que había hablado con Juan Pablo. La confirmación me llegó el miércoles de esa semana cuando aterricé en Dubai de camino a Bahrein. Me llamó Martín Whitmarsh y me dijo: "vas a ser tú". Yo me hice el sorprendido, je, je... Fue un fin de semana que nunca olvidaré».

El barcelonés se marcó en su regreso una buena carrera. Logró la vuelta rápida, terminó quinto... Y desde aquel momento cambió la percepción que tenían de él en McLaren. «Ser piloto de pruebas es ser un apagafuegos. Estaba muy acostumbrado. Y estaba listo por si aparecía una oportunidad». Y él la aprovechó. Eso le garantizó ser piloto reserva en 2006. Pero no pudo correr en la siguiente prueba en Imola.

Algunos medios británicos, cómo no, hablaron de sus pasadas de frenada cuando intentaba adelantar en la pista del desierto, que estuvo demasiado agresivo... La realidad es que dio espectáculo, calificó a la primera delante de Räikkönen y fue un hombre de equipo. Le pidieron antes de la carrera que se apartara en la primera curva si veía al finlandés cerca. Lo hizo. Por rendimiento, podría haber seguido, con la ventaja además del puesto de salida para la precalificación de San Marino. Sin embargo, Alex Wurz tenía por contrato ser el piloto reserva. Y para la primera cita de Bahrein, sus 1,86 metros de altura no le dejaban espacio en ese coche diseñado para el colombiano. Sus ingenieros tenían que modificar el MP4/20 porque tocaba un extintor con el codo. No había tiempo. Y Pedro, segundo reserva desde su llegada al equipo en

2003, se coló en su lugar. Los cambios se hicieron para la siguiente carrera.

Meses después, al decidir Juan Pablo Montoya abandonar la Formula 1 para irse a correr a la NASCAR americana, Pedro recibió la noticia de que iba a ser piloto titular para Magny-Cours. Se puso como una moto. Pero durante aquel medio año en el que compitió hubo algo que le incomodó. Nunca le confirmaron para el resto del Mundial. Iba carrera a carrera. Pese a que la mayoría de la escudería le apoyaba, Ron Dennis tenía otros planes para el futuro más próximo. Quería a Hamilton subido a ese coche. Así lo confirma De la Rosa: «Ron esperaba a que ganara la GP2 en Monza y quería que se fogueara en esas últimas carreras antes de su segura llegada en 2007». Nunca tuvo opciones reales de correr junto a Fernando al año siguiente. Lewis era la obsesión del dueño de McLaren. Y fue al final su perdición… Eso sí, las dudas iniciales se difuminaron ese 6 de agosto en el circuito de Hungaroring. Pero tampoco habría corrido al año siguiente de ganar en el trazado magiar.

Estaba claro que era el día de Pedro. Y eso que nos pegó un susto de campeonato en la vuelta de formación, de camino a la parrilla. Se marcó un trompo mientras calentaba los neumáticos. Por suerte no caló el monoplaza y pudo reincorporarse al pelotón. Salió como un tiro, pasó a Massa y casi adelanta a Barrichello. Kimi mantenía la primera plaza y, por detrás, Schumacher y Alonso remontaban a ritmo de vértigo. El asturiano firmó la mejor primera vuelta en mojado de la historia, pasando a ocho coches en solo unos kilómetros. Después rebasó a Schumacher por fuera y poco a poco se fue acercando a los dominios de un De la Rosa que estaba pilotando con una seguridad y regularidad tremendas.

Pedro, que había superado a Barrichello, ya estaba segundo. Tenía el podio en la mano. Fernando comenzó a acosarle. Ahora sonríe cuando recuerda ese momento: «Venía muy rápido. Me cogía. Y cuando lo tenía detrás, él hacía trazadas muy diferentes a las mías. Mi ingeniero me dijo: "Tienes a Fernando detrás, y va muy rápido". Y tuve ganas de decirle: "Pues me alegro mucho por él, deja de tocarme las narices.... ¿Tú con quién trabajas, con él o conmigo?" Incluso hoy en día recuerdo la curva en que me dijo esto. Mi objetivo era el podio y no le iba a dejar pasar, pero tampoco le iba a sacar de la pista. Él se estaba jugando el Mundial. Cuando entró en boxes me saqué la presión de encima y pude abrir un poco de hueco. Esa distancia me vino muy bien para mi carrera».

Fue un gran premio de chiribitas en los ojos. Alonso se puso líder en la vuelta 17 con Pedro tercero. Los dos en el podio. Y, durante un instante, llegué a gritar desaforado en la radio el virtual doblete español: «Carrerón de Fernando, carrerón de Pedro. ¡Qué buenos que son!» Los periodistas españoles nos mirábamos emocionados ante el recital de los nuestros. El uno-dos duró poco, justo una vuelta después del accidente de Kimi. Räikkönen se despistó mientras miraba por el retrovisor como el probador de su equipo le estaba pegando un repaso y se le acercaba como un avión. No vio al doblado Liuzzi y se estrelló contra él. Con el *safety* en pista metieron a Pedro a boxes para llenarle hasta arriba el depósito. Si seguía lloviendo no paraban más y podían optar a ganar la carrera. Pero se secó. Sus tiempos se hundieron y Pedro tuvo que disfrutar del segundo escalón del podio.

Después del abandono de Alonso, que ganaba seguro la carrera, por una tuerca mal apretada, la montaña rusa de Hungaroring nos dejó para el final la tremenda y emocionantísima batalla entre De la Rosa y Michael Schumacher. En Ferrari decidieron que Schumacher no pusiera neumáticos de seco para no gastar una parada y terminar en el cajon. El Kaiser era segundo y Pedro, con compuestos de seco, lanzó su ataque final.

Le recortó distancia a un ritmo de tres segundos por vuelta y llego muy pronto a sus dominios. El duelo estaba servido. ¡Vamos! Se emparejaba con el heptacampeón en la recta, pero la velocidad punta del 248 F-1 era intratable. Su equipo le intentó calmar por radio. Estaba arriesgando demasiado. Pero el catalán estaba tranquilo y seguro de que pasaría: «Que no, que no se me ha olvidado adelantar... Sé hacer mi trabajo». Así que optó por intentar pasarle en la *chicane*. Y lo hizo dos veces. La primera, Michael se la saltó y sacó ventaja de ello. Un *drive-trough* clarísimo. Otra acción poco deportiva que no fue investigada. A punto estuvieron de tocarse. La segunda fue definitiva. Reyes, su mujer, dio un salto en el box de McLaren y Alonso celebró con fuerza esa maniobra. ¡De la Rosa, segundo!

Siete años después, le brillan los ojos al recordarlo: «Ahora Michael es humano, pero en esa época Schumacher era un marciano. Poca gente hasta 2006 pudo adelantarle. Uno de ellos era Montoya, que con el Williams le había amargado la vida, también Fernando y yo. Entré en el selecto club de los que habían adelantado a Schumi en pista». Cuando entró en meta levantó el puño. Tenía los ojos empapados en lágrimas: «Recuerdo los mensajes de mi equipo en esos últimos metros. Yo lloraba. Y una de las fotos más especiales de mi carrera es la de mi mujer Reyes saltando en el muro de boxes. También tengo la foto de ella subida a la valla en Australia, el día que logré mi primer punto». Era la carrera de su debut en la F-1, en 1999, con Arrows.

Las imágenes de su vuelta de honor afloran. Pedro habla desde Montreal pero su alma ha viajado en el tiempo. Está en Hungaroring: «Cuando entré en meta, mi ingeniero de pista me hizo el resumen de la carrera y me dijo que era la primera carrera que ganaba Jenson en 113...Y recuerdo que le contesté que podría haber esperado a la 114 el muy mamón...También dije por radio que si tenía que quedar segundo prefería que ganara un piloto de los que me caen mejor, como Button».

La primera pregunta de su rueda de prensa FIA fue por su trompo en la vuelta de calentamiento. Feo detalle *british*. El catalán torció el gesto, pero contestó con suma educación: «Ya no me acuerdo de eso…» Después llegó el momento de atender a las televisiones. Al corralito se acercó Fernando Alonso y le felicitó con un cariñoso abrazo. Yo fui hasta allí caminando con el ovetense, hice la foto y aún la guardo. Aquella instantánea entre los dos futuros compañeros de equipo fue la imagen de portada del *AS* del lunes. Otro bonito recuerdo para él: «Fernando estuvo fantástico. Él podía haber ganado y no acabó. Perdió puntos muy valiosos, pero noté que estaba contento por mí. También cuando hice la vuelta rápida en Bahrein 2005 me lo encontré en el párking por la noche. Salió del coche y me dijo que había hecho un carrerón. Siempre me ha apoyado. En las duras y en las maduras». Es cierto que hubo zozobra en esa relación en los últimos meses del Mundial 2007, pero años después el ovetense fue clave en el fichaje de Pedro como probador de Ferrari. Allí trabaja en el desarrollo del nuevo simulador de Maranello e interviene en el día a día del equipo en el fin de semana de carreras.

Del corralito de televisión en Hungaroring, el piloto catalán se fue al *motorhome* de McLaren, que tembló con los aplausos que le brindó su escudería. Al fondo esperaba su mujer, Reyes. Las lágrimas volvieron a aflorar en un sentido abrazo. Pero no hubo ninguna juerga especial. Para los De la Rosa/Ventós la mejor manera de celebrar la victoria fue en Barcelona con sus por entonces dos hijas. Fue algo familiar. Georgina, la mayor, miraba una y otra vez el primer trofeo de su padre en la Fórmula 1.

De la Rosa tuvo otra ocasión de ser piloto titular en McLaren para la temporada 2008. Durante el invierno le prometieron que iba a ser el compañero de Hamilton.

Martin y Ron no pararon de decírselo. Además, el Banco Santander seguía siendo patrocinador del equipo y Pedro era una solución ideal. Pero un día le llamó Whitmarsh y le dijo que estaban negociando con Kovalainen. El día que se hizo oficial el fichaje del finlandés, Pedro estaba fuera de sí: «Si traen a un piloto mejor que yo, un campeón del mundo o algo así, no tengo nada que decir, pero ese no es el caso». Siguió como probador. Apretando los dientes, trabajando con las ganas de siempre…

A finales de 2009, Pedro decidió que ya era hora de dejar de ser tercer piloto. Como cada invierno le dijeron que estuviera atento, pero contrataron a Button. Buscó un puesto en la parrilla. Fichó por Sauber. Económicamente no tenía nada que aportar y por eso tuvo que esperar a que al equipo suizo se le acabaran todas las opciones de un piloto de pago. La última fue la de Fisichella (probador de Ferrari), con el que Peter, el dueño de la escudería, llegó a conversar a cambio de una rebaja en los motores de Maranello que nunca llegó.

Ese 2010 el barcelonés tuvo muchos problemas mecánicos pero estuvo al mismo nivel que su compañero Kobayashi en calificación. Logró seis puntos en el campeonato. Fue sustituido por Heidfeld, que en ningún caso lo mejoró. Recuerda ese momento como uno de los peores de su carrera. Después de recibir la mala noticia, y ya de noche cerrada, caminaba junto a su mujer Reyes por el bosque de Monza. De camino al párking le decía abatido que nunca más volvería a correr en un Fórmula 1. Pero ella le animó a seguir luchando, a llamar a la gente de Pirelli, que necesitaba un probador, a quien fuera…. En marzo del año siguiente era el piloto de desarrollo de la marca de neumáticos y de nuevo probador en McLaren. Su amigo Whitmarsh siempre había dejado las puertas abiertas a su vuelta. Pedro volvía a la carga, cuando todo parecía cuesta arriba para él.

Mayo de 2011. Checo Pérez se estrelló violentamente

en la calificación del GP de Mónaco. Sufrió mareos a consecuencia del accidente y Monisha Kaltenborn, jefa de Sauber, le pidió a De la Rosa que corriera con su exequipo en Canadá. Enmendó así la injusticia que Peter cometió unos meses antes al bajarle del coche y sustituirlo por Heidfeld. Sauber y McLaren se pusieron de acuerdo y Pedro se volvió a subir a un Fórmula 1. Seguía vivo para las carreras...

El invierno siguiente su amigo Luis Pérez Sala le convenció para correr con HRT, la escudería española, en 2012. Firmó por dos años. Esto es lo que dijo en su presentación: «Tengo que crecer aquí y vengo para quedarme. El objetivo es que España se sienta orgullosa de este equipo. Es un reto bestial pero apasionante. Porque es español». Su último año, hasta el momento, como piloto de carreras, fue estimulante para él en su primera mitad, pero muy complicado en el último tramo del Mundial. El dinero se acabó después del verano y tuvo que afrontar algunas carreras con dudas sobre la seguridad de algunos aspectos del monoplaza... Y hasta con kilometraje limitado después del súbito anuncio de la disolución del equipo antes de Austin. Tres años y 92 millones de euros gastados después terminaba el sueño de un equipo español en la F-1.

De entre todas las imágenes de la temporada, la más hermosa fue la del homenaje por sus cien carreras en Monza. El sábado, al volver de la reunión con sus ingenieros, se encontró con el aplauso de más de un centenar de invitados. Entre ellos, Checo Pérez, Maldonado, Button y sus antiguos jefes de equipo: Martin Whitmarsh, Peter Sauber y Niki Lauda. También estaban Jaime Alguersuari y Marc Gené. Pedro dio las gracias a su mujer y a sus hijas emocionado y después posó con todos. Hasta con los periodistas. Con los focos apagados ya, De la Rosa recibió la visita y el abrazo de Fernando Alonso.

Allí le regalaron un libro de dedicatorias. Tuve el honor de escribirle unas líneas debajo de una foto muy especial, en la que salía yo poniendo la oreja detrás de él mientras conversaba con el Rey en Silverstone 2000. Fue la primera vez que vi a don Juan Carlos en un circuito de Fórmula 1. Pedro cumplía su segunda temporada en Arrows, mi primera en los grandes premios. Tantos recuerdos al verlo… El primero cronológicamente, el día que saltamos en un Fiat Gol camino del aeropuerto de Guarulhos. Pedro me llevó desde el circuito de Interlagos. Seguía conduciendo después de una carrera agotadora en la que terminó justo detrás de Verstappen («Si dura un poco más, lo paso…», comentaba encendido). Íbamos cuatro en el coche. Llegábamos tarde. Pedro aceleró y hay que ver cómo se balanceaba ese coche de alquiler. Nos reímos bastante antes de irnos a comer a un McDonalds. Su doctrina: «Mejor no subirse con hambre a un avión». El siguiente flashazo de la memoria es la alegría de su primer punto de aquel año en un lluvioso Hockenheim («No está mal para ser español», le dijo Tom Walkinshaw), y el otro puntazo de Nurburgring…

Hay más. Su desembarco en Jaguar, las jugarretas de su compañero Irvine (hizo que los mecánicos le cambiaran un motor antes de una carrera mientras Pedro se echaba la siesta), las broncas dentro del equipo inglés en 2002, la traición de Niki Lauda, que le prometió la continuidad y poco después le despidió… Y su cariñosa dedicatoria, once años después, en ese libro de recuerdos de Monza: «Te fiché, luego te vendí, pero para mí eres una de las personas más amables que he conocido jamás».

Era otra Fórmula 1, la de Pedro y Marc Gené luchando por hacerse hueco en un deporte que parecía vedado para los españoles. Sin su empeño de finales de los noventa yo nunca habría aterrizado en las carreras. Ni habría escrito un libro con un capítulo sobre aquella tarde en Hungaroring.

Capítulo 5

Sin esquíes en Madonna di Campiglio

«*Auan ba bulu ba balan bam bu, tutti frutti, oh rutti, tutti frutti, oh rutti...*» Es Elvis, el auténtico, el único... Me acerco al centro del mini escenario de la discoteca Zangola. Veo ese traje con volantes moverse, los brillos metálicos y escucho una voz grave. Pienso entonces si habré abusado de la grappa... Hasta que miro por delante al improvisado rey del rock y allí está... Es Nigel Wollheim, el irlandés relaciones públicas de Philip Morris interpretando la mejor de sus imitaciones, que reserva siempre para la fiesta de despedida de la concentración invernal de Ferrari en Madonna di Campiglio.

Le da lo mismo hacer de un delirante Eminem (*«fucking mother, fucking guys, fuck you...»*) que intentarlo con Tina Turner. Él siempre es la traca final del evento con el que Ferrari inaugura la temporada. Está más cerca ya de los sesenta que de los cincuenta, pero aún así sigue viajando a buena parte del Mundial y es el alma del encuentro del equipo italiano con la prensa.

Cada noche reparte el programa del día siguiente en varios idiomas y hasta se permite bromas como la de 2013, cuando dijo que a la mañana siguiente aterrizaría Pedro de la Rosa. El barcelonés no apareció. Nigel estuvo en Pirelli, Benetton y pese a sus treinta años en Fórmula 1 y casi dos décadas en Ferrari, asistió emocionado a la llegada de Fernando Alonso a la recepción de gala en ese rincón de los Alpes Dolomitas en 2010: «Estoy deseando hacerme una foto con él».

Cuando Maurizio Arrivabene, jefe de la tabaquera en Europa, coge el micrófono delante de cientos de periodistas de todo el mundo, recuerda el lema de este evento: «Ocio et Lavoro». Al principio, en 1991 eran, como dice la canción italiana, «cuatro amigos en el bar». Lo más selecto de la prensa italiana concentrados durante una semana en una lujosa estación de esquí comiendo, bebiendo, fumando (entonces sí se podía), hablando de Fórmula 1 y sin parar de reír... Tratando en directo y en cercanía con las estrellas de Ferrari. Una maravilla. Un año después el invitado de honor del 92 fue Ron Dennis y por ser él quien es aún sorprende hoy en día un matrimonio así entre Ferrari y McLaren unidos por el mismo patrocinador. O no tanto... Ahí está el Banco Santander y esa foto anual de Botín junto a los pilotos de las dos escuderías más grandes de la historia de la F-1. *Money, money.*

La idea gustó tanto que, desde 1995, se añadió la presentación de un equipo de motos. Primero Yamaha, luego Ducati. Dos semanas extenuantes para la organización. Todo un chollo para la estación invernal. Esta pedanía de Pinzolo vive dedicada al turismo desde su edad dorada de finales del siglo XIX, cuando fue elegida por Sissi Emperatriz y el Emperador Francisco José para pasar su mes de vacaciones de verano en Campiglio. Entre 1889 y 1894 la pareja pernoctó en el hotel delle Alps. Y cada mes de enero se evoca su presencia en el salón Hofer, la antigua zona de desayunos del establecimiento hotelero más antiguo de la estación. Una actriz disfrazada de Sissi da la bienvenida a los pilotos de Ferrari y de Ducati y lo hace justo delante del retrato de la verdadera emperatriz.

El ahorro de costes ha provocado que la concentración de coches y motos se haga durante los últimos años en la misma semana. Y si Audi es el dueño de Ducati, pues no pasa nada. Sus superdeportivos R8 conviven con la plana mayor de Ferrari, lo mismo que Ron Dennis con Montezemolo. Esta reunión es más elástica de lo habitual en Fórmula 1. Conviene aclarar que comenzó llamándose 'Marlboro Concentración de prensa de F-1 de Madonna di Campiglio'. Pero, desde 1994, la prohibición del tabaco dio lugar al término 'Wrooom', que imita el ruido de un motor. El logo tiene algunos tintes subliminales. Hay quien ve la M al revés de la marca tabaquera y los círculos que salen del humo de un cigarrillo.

A Luca di Montezemolo le gusta que sea un punto de encuentro también de los poderes fácticos. Todos los años acude a la estación invernal el patrón de MotoGP, Carmelo Ezpeleta, y, salvo en este último 2013 por el pique que vivieron los dos este invierno, también suele pasarse por allí el patrón del gran circo, Bernie Ecclestone.

Por Madonna di Campiglio han pasado pilotos como Alesi, Berger, Hakkinen (uno de los más activos a la hora de divertirse), Schumacher, Irvine (con juergas tan privadas que casi ni se le vio el pelo en su última aparición en el 99), Barrichello (de su primer año aún recuerdo sus clases de iniciación al esquí, era tan malo como yo) y también Massa, Räikkönen, Alonso, Fisichella, Rossi, Stoner o Hayden.

De los cambios de carácter entre su seriedad de las carreras y la fiesta en los Dolomitas, el que más llamaba la atención era Michael Schumacher. Sin llegar, claro está, a perderse un día de la concentración por una resaca como le pasó a Räikkönen en 2009. Madonna era el lugar que el disciplinado Kaiser reservaba para desmelenarse.

Así lo pude ver desde mi primera visita en 1999.

Había periodistas italianos que se llevaban la familia entera y dormíamos en el hotel del Golf, ahora renovado, pero entonces clavadito al de Jack Nicholson en *El resplandor*. Rodeado de nieve por todas partes. Es el más alto del pueblo y está al pie de la pista. Sensacional para los amantes del esquí. De hecho, al principio la escasa delegación española estaba repleta de grandes esquiadores que comentaban la calidad de la nieve delante de un novato como yo. El plan era muy sencillo: ruedas de prensa, instructores para todos y a esquiar sin parar. Bueno, yo no.

Aunque parezca mentira, después de nueve ediciones aún no he podido aprender a esquiar. Sé mantener el equilibrio y girar, pero solo puedo ir por las pistas más sencillas. Pero ya me niego a descender por mi compañera de las cinco primeras ediciones, la pista Bambi. Ese es el divertido nombre de la zona de iniciación, donde niños de cinco años te adelantan en posición de descenso mientras tú lamentas tu incapacidad para girar. Y luego están los instructores, buenísimos pero, que nadie se me enfade… italianos. Es decir, un poquito chuletas y capaces de herir el orgullo del adulto principiante: «*Andiamo Carlo, spinge, spinge…*» Y la cadera sigue ahí, inamovible. O ya, pasados los años, vacilarte con tu estado físico. Pónganse en mi lugar. Terminas exhausto después de bajar milagrosamente una de las pistas más sencillas y un instructor con pinta de director de orquesta te toca la tripa y te dice: «*Carlo, tropo grosso… tropo grosso*». Lo primero que piensas es: «¿Y tú? ¿Te has mirado en el espejo?».

En las primeras ediciones íbamos con la encantadora Patricia Vidal y Marco Arrivabene, jefe de la empresa tabaquera en España. Con Marco aprendí la costumbre de los italianos de darse besos. Hace mucho que no le veo, pero su trato con la prensa era ejemplar. Y, como es hermano de Mauricio, el jefazo de la concentración, pues ahí estábamos colocados los cinco periodistas españoles junto a la mesa presidencial, la de los pilotos. Dormíamos también en su hotel y por eso disfrutamos del Schumacher más divertido, que, de manera excepcional, bebía (grappa, cerveza, caipirinha), fumaba (puros de primera calidad), bailaba (sobre todo música disco con un estilo clásico de cintura rígida y manos abiertas) y hasta hacía sus pinitos en el karaoke. Sus vaqueros apretados le hacían también más mundano.

El mejor momento era la víspera precisamente de su rueda de prensa, el momento estelar de la semana. La copiosa cena era en un refugio a 2.500 metros y constaba de antipasto, pasta, carne de ciervo asada con polenta y postre. Todo ello regado con vinos blancos y tintos de la zona, después grappa en el piso de abajo del restaurante y café expresso solo. A continuación, descenso esquiando con antorchas. Esto último reservado a los que saben. Se desciende por una pista negra a poca velocidad y abajo espera el vino caliente junto a una enorme fogata. Con Barrichello me pasé una buena espera al filo de la congelación en aquel año 2000. Él entonces tampoco sabía deslizarse sobre la nieve.

Desde la pista Espinale nos íbamos al hotel del Golf y nos quedábamos junto a los periodistas italianos, Badoer, Barrichello y el propio Schumi. Era el espíritu del 91, el de «éramos cuatro amigos en el bar». En nuestro bando también caían una tras otra las caipirinhas.

En la de 2003 hubo muchas canciones lentas italianas, a cuál más soporífera, pero dos momentos claves. Cuando el ya entonces hexacampeón Michael cogió el micrófono y emuló a Frank Sinatra: «*This is... my... way...*» No parábamos de reírnos y aplaudir con esa voz inenarrable, ronca, estridente, de haberse corrido una buena juerga. La jarana terminaba con los temas de Queen y periodistas abrazados a pilotos, en un momento general de exaltación de la amistad. Cuatro de la mañana, «*we are the champiooons, my friend...*» A las nueve Michael estaba dando una rueda de prensa como si nada, aspecto impecable, verbo fácil y palabras que resonaban en nuestros oídos. Lo primero, eso sí, un guiño: «Ha sido una noche larga...»

Con los años, y salvo el islote de la llegada de Alonso en 2010, que incluyó trucos de magia en su hotel fuera de programa, fiesta de cumpleaños de Fisichella y mucha hermandad, ahora los pilotos están algo más aislados. De hecho, en su última edición el lujoso hotel donde durmieron las estrellas de rojo estaba lejos del que albergaba a la prensa internacional. Y muy cerca de la clásica discoteca Zangola, centro de juerga de la concentración junto a la situada debajo del hotel delle Alps.

De los últimos años me quedo con el canto a gritos del «Parapapaparapapaparapapa...» con el que nos hermanamos con los periodistas brasileños y casi hacemos volcar una furgoneta en 2010, y también con la forma en la que el *Mago* Alonso impresionó a un muy apagado Valentino Rossi con un truco en su debut en la noche de Campiglio. Fernando, incansable de día, capaz de alcanzar 96 km/h sobre sus esquíes y también *disc jockey* de noche, fue el telonero de lujo del gran Nigel.

Capítulo 6

En el Danubio con Räikkönen

Durante muchos años, la Fórmula 1 no fue el actual deporte hiperprofesionalizado repleto de atletas que puso de moda Michael Schumacher. En la tradición de las carreras los pilotos fumaban para tranquilizar sus nervios antes de desafiar al destino. Salían de fiesta, bebían, iban con todas las chicas que podían... Actualmente, no sería posible. Ellos podían porque no tenían que aguantar cinco veces la fuerza de la gravedad sobre su cuello en las frenadas. Sus monoplazas eran mucho peores en comparación con los de ahora, pero menos duros para el físico.

A aquella Fórmula 1 pertenecía James Hunt. Eran célebres sus juergas los sábados antes de los grandes premios. Como si la vida se fuera a acabar en ese instante. Y su lista de conquistas era interminable. Durante dos semanas en Tokio, previas al Mundial que lograra en 1976, cuentan que estuvieron con él treinta y tres azafatas de British Airways. Lo mismo valía para las chicas de la parrilla. Era simpático, guapo y millonario.

De esa misma escuela fue años después Eddie Irvine, el irlandés que pudo reinar. Con mucha noche a sus espaldas llegó a luchar por el título mundial en la última carrera de 1999. Corría con Ferrari junto a Schumacher. Era rápido, pero no un crack. Y entonces le fichó Jaguar, firmó el contrato de su vida y se dedicó a vivir de las rentas. Desde el 2000 al 2002 se llevó dieciocho millones de euros por año. Trabajó poco, enredó mucho y se lo pasó de maravilla fuera de la pista. Pero solo logró dos podios. Su época ya había pasado.

Kimi Räikkönen es el último heredero de esta estirpe. Desde su segundo año en McLaren comenzaron las historias sobre su gusto por el alcohol. Evidentemente no antes de una carrera, pero sí en unos test de Jerez, por ejemplo. De repente no estaba a la hora del desayuno en condiciones y tenía que montarse en el coche uno de los probadores. O se hablaba de las locas vacaciones que pasó un invierno en Canarias. Pero tenía dudas de que le gustara tanto la juerga como decían. Hasta que lo vi con mis propios ojos. Fue en una fiesta de Red Bull en un barco sobre el Danubio. La noche después del GP de Hungría de 2006. El día del podio de Pedro de la Rosa y la exhibición truncada de Alonso bajo la lluvia. Kimi había abandonado. Yo necesitaba airearme un poco después de un fin de semana de intensas emociones. El piloto finlandés, también.

No era una reunión secreta. Ni mucho menos. El bote estaba atestado de periodistas. Navegamos una hora por el río. Desde el Puente de las Cadenas hacia el sur y regreso al embarcadero frente al Parlamento. Era un barco de madera, con dos grandes salas de fiestas. La de los mortales estaba abajo. El reservado, en la parte superior. Nada más llegar empezaron otros periodistas a hablarme de la estrella de la noche: «¿Has visto a Kimi? No veas como va».

Me fui al piso de arriba y me lo encontré de bruces. Salía del reservado con el sello que le permitía el acceso marcado en la frente. Iba con un grupo de amigos. Daba besos en broma a los más cercanos. Se lo estaba pasando en grande. A su lado estaba una chica de McLaren que le sacó de la zona VIP y le ayudó a que bajara las escaleras de madera. Se tambaleaba. La empleada de Ron Dennis no estaba tan contenta. Era otro bien distinto al piloto de los circuitos, el de los monosílabos que no quería saber nada de la prensa. Hablaba más alto, hacía bromas, era bastante extrovertido. Días después se publicó que aquella noche perdió parte de su documentación y varios miles de euros.

Si le preguntaban, Kimi lo tenía muy claro. Sus palabras las habría firmado hasta su ídolo James Hunt: «Lo que hago en mi vida privada no me hace conducir más despacio». Entre sus correrías, una de las más famosas también tuvo de protagonista al campeón del mundo de 1976. En 2007 participó en una extravagante carrera de lanchas en Finlandia disfrazado de Gorila con el sobrenombre de Hunt. El mismo que usó cuando pilotó en una carrera de motos de nieve. En 2013 *Iceman* le homenajeó por el 40 aniversario de su debut en Fórmula 1 con un casco. En un principio no le dejaban porque podía tratarse de publicidad encubierta de la película 'Rush', que narra el duelo del británico con Lauda por el Mundial. Al final Ecclestone accedió y Räikkönen pudo hacer su homenaje: «Fue la edad de oro de la F-1. Siempre he tenido un gran respeto por Hunt». El inglés falleció en 1993 víctima de un ataque cardiaco. Solo tenía 45 años. La duda que tengo es sobre quién tuvo o tiene más talento, aquel veloz playboy o su émulo finlandés de manos rápidas y verbo escaso.

Después de aquella noche en el Danubio también pude ver a Kimi en su esplendor nocturno en Sao Paulo 2007. Y todavía hoy es un habitual de las fiestas post carrera de los domingos. La última fue en el GP de España de 2013 en Barcelona. Fue la estrella del reservado. Se bajaba los pantalones y enseñaba sus calzoncillos a sus amigos. Sin embargo, a pesar de estas licencias, ahora está más centrado. Hace bastante más deporte y está más delgado que en los dos años que pasó en el Mundial de rallies. Está divorciado de Jenni Dahlman, una modelo de su país que ganó el título de Miss Escandinavia. Con ella la relación siempre había sido bastante liberal. Está feliz con sus dos últimas temporadas en Lotus, equipo con buen coche pero poca presión.

Es injusto reducir a este niño prodigio de las carreras a su faceta fiestera. Su pilotaje es excepcional. Especialmente los domingos. Ahí está su velocidad terminal, con 38 vueltas rápidas. Es el tercero de la historia en ese apartado y el mejor en activo. Sus habilidades al volante las conoce bien el español Manuel Muñoz, ingeniero de Pirelli que *leyó* las ruedas de Alonso en Ferrari y trabaja ahora en Lotus con Kimi: «Su pilotaje es de una precisión absoluta. Mueve el volante lo justo y es como tener al simulador informático en pista. Esa manera de conducir influye en el menor desgaste del neumático. Fernando es distinto. Puede ir al mismo ritmo o a veces más rápido, pero lo hace de otra manera. Es talento puro». Matices entre genios.

Otra de las mentiras que se cuentan sobre 'Iceman' es la de su pésima capacidad de comunicación con los ingenieros. Ya en McLaren destacaban su soberbia sensibilidad para leer los problemas del coche. Ahora en Lotus acude a todas las reuniones de ingenieros y forma un buen tándem junto al hombre con el que alcanzó la fama en las flechas de plata, Mark Slade. Otra cosa bien distinta es que sea un obseso del trabajo. No se lleva el coche a casa, ni asalta a su ingeniero de pista a mensajes como otros. En 2008 alguien con menos clase como Massa le superó gracias a su mayor dedicación. Aquel fue su peor año, consecuencia de la relajación que le entró después de lograr su único Mundial la temporada anterior. Y el que le costaría al final salir de Ferrari para 2010.

Eso sí, donde no es especialmente dicharachero es en el monoplaza. Se ha pasado carreras enteras sin hablar.

O, lo que es más divertido, con el botón apretado de la radio en las rectas para no tener que escuchar lo que le dijeran desde boxes. De su victoria en Abu Dabhi 2012 hasta se hicieron camisetas con el diálogo que tuvo con su ingeniero. Slade le contó las distancias con Alonso y él le dijo: «Déjame solo, sé lo que estoy haciendo». Y, cuando estaba el coche de seguridad en pista y le pidieron que calentara las ruedas su tono fue aún peor: «Sí, sí, sí. Lo estoy haciendo todo el tiempo. No tienes que recordármelo a cada momento». Entre sus frases célebres se encuentra también una que le dijo a Martin Brundle en la parrilla de Brasil 2006. El expiloto inglés le preguntó sobre su ausencia en el homenaje a Schumacher antes de la carrera. La respuesta fue alucinante: «Estaba cagando». En directo. Para la BBC.

Sus salidas de tono le han convertido en el antihéroe ideal. Tiene carisma por su ausencia total de expresividad. Por eso no entiendo el amor que le tiene la prensa internacional. Entrevistar a Kimi Räikkönen es lo más parecido a una carrera de obstáculos. No habla de su vida privada. Hasta ahí más o menos bien. Pero tampoco le gusta decir nada de otros pilotos ni de sus aficiones... Solo le motiva correr. Todo lo demás, salvo practicar el motocross o el hockey sobre hielo, le importa un bledo.

En la primera entrevista que le hice, en 2004 en Brasil, no me miró a los ojos en ningún instante. Se le escuchaba mascullar en inglés bajito, muy bajito... Allí ya me reconoció su pasión por los rallies: «Me encantaría probar alguna vez correr en rallies. Solo para divertirme. Los contratos ahora me lo impiden, pero tal vez algún día pueda disputarlos». Años más tarde cambiaría las pistas por las carreteras, pero un poco obligado. A finales de 2009 Ferrari tenía que hacer hueco a la llegada de Alonso. Massa o Kimi, uno de los dos tenía que marcharse. Con un líder como Fernando en el equipo tener a otro gallo muy bien pagado (a razón de 20 millones de euros al año) no tenía demasiado sentido. Pero Felipe se accidentó en Hungría y a Räikkönen le dijeron que igual seguía otro año más... Entonces vimos el regreso del mejor 'Iceman'. Sobre un F60 más que delicado terminó segundo en Hungría, tercero en Valencia, ganó de manera espectacular en Bélgica y volvió a quedar tercero en Monza.

Antes de ser campeón, destilaba ambición por los cuatro costados. En aquel primer día frente a frente, en la caseta de McLaren en Interlagos, me dijo cuál era la diferencia entre Schumacher y él: «Para ganarle solo necesito tener un coche mejor. Ya he demostrado antes que puedo vencerle, y la única diferencia respecto a él es tener el *package* (monoplaza y neumáticos) suficiente para batirle». Fue de lo mejor que me dijo en los quince minutos de charla que tuvimos.

Cinco años después, el sucesor del Kaiser en Maranello estaba a punto de dejar la casa roja. Felipe se estaba recuperando bien. Justo antes del GP de Japón le dijeron que no seguiría en 2010. Ahí se acabaron los podios. La estrella de Espoo le echó toda la culpa de su marcha a la llegada de Alonso y del Banco de Santander como patrocinador. Estaba equivocado. Le perjudicaron su desidia en 2008, el elevado sueldo y los intereses de la entidad financiera en Brasil. Cuando se pensaba que Massa igual no volvía a recuperarse, desde el Santander se llegó a dar la alternativa de Bruno Senna. El mercado finlandés no les interesaba en absoluto.

La carrera deportiva de Kimi se colocó entonces en un endiablado cruce de caminos. Tenía una oferta de McLaren para regresar al equipo en el que estuvo cinco temporadas. No le hacía ninguna gracia. Como a muchos de los que han pasado por allí, Woking terminó por ahogarle. Si corría con otra escudería, el acuerdo con Ferrari tenía una cláusula por la que, en lugar de cobrar el año íntegro de contrato que le quedaba, veinte millones de euros, le pagaban solo la mitad.

Antes que ir a un equipo en crisis como Williams o regresar a donde no le apetecía, Kimi optó por irse de la Fórmula 1. Cogió el dinero y, gracias al patrocinio de Red Bull, pudo disputar con Citroën el Mundial de rallies. Una decisión arriesgada en la cima de su carrera deportiva.

Empezaba de cero otra vez. Al menos se escapaba del montaje que le oprimía fuera de la pista. En aquella charla de 2004 le pregunté sobre qué era lo que menos le gustaba de la F-1. Me vino a decir que todo: «Uhhm, no sé qué es lo peor. Es tanto lo que rodea al gran circo, que la vida fuera de aquí es mucho más sencilla». La entrevista terminó con mi petición para que nos hicieran una foto juntos. Estaba ligeramente sentado sobre una mesa. Y ahí siguió. Ni siquiera quiso ponerse de pie a mi lado. Miró un segundo a la cámara, le di las gracias, movió la cabeza de arriba abajo y a otra cosa... Por eso a veces me pregunto porque la mayor parte de los periodistas le tenemos tanto cariño. Y quizás la razón sea porque lo que vemos es lo que hay. En un mundo de mentiras ver a alguien que es auténtico se agradece.

En los rallies nunca estuvo a la altura de las expectativas mediáticas que generó. Económicamente el primer año sí que fue bueno para él. Cobró de Ferrari y de la bebida energética. Su mejor resultado fue un quinto puesto en el Rally de Turquía. Demostró maneras. Sabía ir deprisa. Logró un *scracth* en una superespecial sobre asfalto en Alemania. Sin embargo, nunca terminó de adaptarse a conducir con notas y copiloto al lado. Es lo que más cuesta cuando se viene de los circuitos.

Al finalizar la temporada, su mánager Steve Robertson sondeó la posibilidad de volver a la F-1. No tenía sitio en ninguno de los equipos oficiales. Ya sin apoyos, decidió financiarse otra temporada más en el

Mundial de rallies. Fue aún peor. Algo aburrido ya de su aventura derrapando, el finlandés buscó otra diversión en Estados Unidos. Pensó en la posibilidad de correr la NASCAR americana. Y disputó en mayo de 2011 dos carreras de las categorías inferiores. En la primera, en el óvalo de Charlotte, remontó 16 posiciones. Aquel día, al verse de nuevo rodeado de coches, compitiendo cuerpo a cuerpo con otros pilotos, echó de menos la Fórmula 1. Y se dijo a sí mismo: «Tengo que volver, tengo que volver…».

Regresó en 2012. Solo estuvo al principio oxidado en calificación. Con el tiempo sus prestaciones le devolvieron a la superélite que nunca debió abandonar. Su nombre empezó a sonar como primer candidato a sustituir a Webber en Red Bull.

La carrera deportiva de Kimi han sido cuatro vidas en una. En los difíciles inicios su padre tuvo que pluriemplearse como portero de discoteca para que su hijo cumpliera su sueño. El domicilio de los Räikkönen, construido por su bisabuelo en Espoo, no tenía baño en su interior. Lo tenía fuera, en el jardín. La reforma tuvo que esperar para que el chaval siguiera compitiendo. Su progenitor Matti fue siempre su gran apoyo en la distancia. Falleció a finales de 2010.

Los buenos resultados llamaron a los patrocinadores. Salvaron su carrera. Empezó su segunda vida: la de estrella en ciernes. Ganó el campeonato nórdico de kárting en 1998. De aquella temporada hay una anécdota que no mucha gente conoce. En la Copa de Mónaco, que se disputa en el trazado corto, de la piscina a la Rascasse (ida y vuelta), compitió con un también jovencísimo Fernando Alonso. Fue el 3 de octubre del 98. El ovetense se clasificó séptimo en los entrenamientos y terminó segundo en la primera carrera detrás de Kimi. Para la segunda manga la guerra estaba servida. Ambos estaban en el punto más álgido de su carrera en el kart, y en dos buenos equipos. El de Räikkönen era el que dirigía Paul de Brujin, y Fernando competía con Genís Marcó hijo en Genikart.

Se dio la salida y los dos partieron como cohetes. Alonso comenzó a acosar a su rubio rival, le intentó adelantar, se tocaron y el piloto español terminó fuera de la pista. El incidente se produjo en la cuarta vuelta. Después de la prueba a Fernando le molestó la acción: «Me la he jugado porque Räikkönen era sensiblemente más lento y no quería que nuestros perseguidores me pusieran en apuros. Adelantar en este circuito era bastante complicado y quizá por ello esperaba un comportamiento distinto de él». Pasados los años, le pregunté a Kimi por aquel pasaje de la historia y le restó importancia: «Solo creo haber corrido esa vez con él. Yo terminé tercero y guardo un buen recuerdo. Y su salida de pista fue un incidente normal de carrera».

Un año después el finlandés finalizó segundo el Europeo Inter A. Debutó en monoplazas, en la Fórmula Ford. Ahí su carrera se aceleró. Primero ganó las series invernales de la Fórmula Renault inglesa y, a continuación, arrasó en la Fórmula Renault del año 2000. Peter Sauber le ofreció un test de Fórmula 1 en uno de sus coches. Debutó en Mugello y asombró al mismísimo Michael Schumacher. Peter lo fichó. Con solo 23 carreras de monoplazas a sus espaldas le dieron la superlicencia. Debutó en Australia 2001 junto a Montoya, Bernoldi y Alonso. Empezaba ahí su tercera vida en las carreras, la que le llevó al año siguiente a McLaren, donde reemplazó a otro finlandés, Mika Hakkinen. Tuvo que llevar el peso de sustituir a un bicampeón de su propio país en el mismo equipo en el que triunfó. Era el nuevo finlandés volador. Terminó subcampeón en 2003 gracias a una tremenda regularidad. Con un coche del año anterior. Fue segundo también en 2005 y campeón en 2007.

En su cuarta vida (la segunda en la F-1) se toma las

carreras como quien ya no tiene nada que demostrar. Si gana bien y si le sale mal pasa al día siguiente al olvido. Tiene su residencia oficial en Baar (Suiza). Suena a broma, pero es cierto. Tiene allí una villa de diseño ultramoderno, de 3.000 metros cuadrados y que costó 27 millones de euros.

Al actual Kimi no le gusta el teléfono móvil: «Si pudiera, lo tiraría bien lejos. Lo tengo siempre en silencio. No me gusta nada escuchar el timbre y a la gente hablando sin parar. Podíamos vivir perfectamente sin esas cosas en el pasado, cuando solo teníamos un teléfono en la calle, en la esquina o en casa». Y pasa de las redes sociales: «No tengo ningún interés en contar a toda la gente lo que hago todos los días y donde estoy. Yo quiero hacer mis cosas en privado con mis amigos o familia y eso es todo».

Definitivamente, Räikkönen es un piloto de otra época. Alguien que sería feliz en la piel de James Hunt, estrella de los salvajes setenta. Una era que definió a la perfección su coetáneo Hans Stuck: «Yo pude sobrevivir a aquella F-1. Entonces las carreras eran peligrosas y el sexo seguro».

Capítulo 7

Alonso y los consejos del rey

*D*oce de septiembre. Templada mañana de final de verano en Madrid. Vestido con mi traje gris marengo de las bodas, la mejor corbata que tenía y unos Martinelli, pisaba a fondo mi modesto pero deportivo Ford Fiesta XRI, para llegar a tiempo al Palacio de El Pardo. No era para menos. La familia real al completo entregaba los Premios Nacionales del Deporte.

Solo habían pasado dos días de la mayor explosión pública de gestos y declaraciones que se le recuerda a Fernando Alonso. Y unas sesenta horas desde la sanción de la ignominia. Los comisarios de Monza le quitaron sus tres mejores tiempos en la calificación del GP de Italia de 2006 por haber estorbado en su vuelta de salida de boxes a Felipe Massa. Pasó de la quinta plaza a la décima en parrilla. Fue una sanción sin fundamento alguno entre un R26 que intentaba desesperadamente pasar por meta para hacer su intento final y un Ferrari que le seguía a 100 metros. Casi tres Jumbos.

El brasileño se quejó por radio (o se lo pidieron) de unas supuestas turbulencias y la escudería italiana exhibió su poder político en su casa, entonces mayor que el de ahora, para lograr la sanción del gran rival por el título de Michael Schumacher. El impulsivo Massa estuvo duro con Fernando nada más bajarse del coche: «Esta me la vas a pagar». El teatro ya estaba listo.

Después, saltaron chispas entre el ovetense y el jefe de comisarios Charlie Whiting. Se produjo la sanción con la única prueba de que Massa había perdido tiempo en la parabólica por el imaginario *aire sucio* del Renault, que le precedía ¡más de dos segundos por delante! Briatore tuvo que respaldar y calmar a su piloto para que no la liara aún más gorda de la que armó, con razón, al día siguiente. A la nueve y media de la mañana del domingo Fernando entró en el *paddock* con su habitual camisa azul de Renault, pantalón corto, y levantando bien clara su mano con el dedo pulgar hacia abajo. Para que lo viera todo el mundo.

Ya había acumulado una tremenda indignación por la sorprendente prohibición del amortiguador Mass Damper de su coche en verano (por su efecto aerodinámico), autorizado el invierno anterior por la propia Federación Internacional. Y también se había enfadado por la bula que le dieron a Schumacher para saltarse las chicanes en Hungría. Creía que la FIA estaba dispuesta a hacer campeón al Kaiser en el Mundial de su despedida de las carreras. Y ese gesto ante los fotógrafos de todo el mundo era una clara muestra de su primera gran guerra pública contra el *establishment* de la Fórmula 1.

Briatore convocó a toda la prensa internacional en su *motorhome*. No cabía un alma. Pat Symonds, el jefe técnico, respaldaba también a Alonso. Telecinco retransmitía en directo y yo tuve que buscar un hueco subido en equilibrio a un poyete para poder ver las caras serias, de indignación.

Se repasó el vídeo para probar que no hubo obstrucción alguna. Felipe mejoró en dos de sus tres sectores y en el último, el de la parabólica, es donde el monoplaza azul rival tuvo que apretar más para llegar a tiempo a la meta. Comenzó su alocución el jefe de Renault, voz muy grave, inglés fluido, hablaba de sanción extraña, de que no se podía jugar así con los deportistas... Y le dio paso a Fernando: «Como dice Flavio, soy un deportista y adoro el deporte. Tuve un pinchazo y dañé el alerón delantero. Puse otro juego de ruedas, tuve que frenar a 330 km/h para comprobar que todo estaba bien. Llevaba media parte de atrás también rota... Hice mi vuelta sin bloquear a nadie intencionadamente. Solo porque adoro a este deporte y a los fans que vienen a las carreras, muchos de ellos desde España... No volveré a considerar nunca más la Fórmula 1 como un deporte».

Es el equivalente al «esto no son carreras de verdad, demasiada política» de Ayrton Senna contra el antiguo jefe de la Federación, Jean Marie Balestre. Por la tarde, después del gran premio, Briatore lo remató ante la RAI italiana: «Han decidido ya que el Mundial lo gane Schumacher». Poco después dijo en un comunicado que le habían dado la vuelta a uno de sus comentarios, se lo sacaron de contexto según él, y que confiaba en el organismo rector de la Fórmula 1 (la FIA dirigida por su después enconado enemigo Max Mosley). Pero el efecto estaba conseguido, no le volvieron a tocar las narices ni a Renault ni a su estrella en lo que restó de temporada.

El 2006 había empezado muy bien para el piloto español pero, entre el parón en las evoluciones de su coche y el subidón de Ferrari, el título se había empezado a complicar. En Monza remontó con furia desde la salida. Tenía que recuperar sin parar hasta los puestos de cabeza y llegó a estar tercero en el podio... Hasta que su motor dijo basta a nueve vueltas del final. Schumi ganó esa carrera justo el día que anunció su primera retirada del Mundial y se colocó a solo dos puntos de Alonso. Los *tifosi* de Ferrari ovacionaron enfervorizados la retirada del Renault. Desde las tribunas a ambos lados de la primera variante los fans del Cavallino le dedicaron todo tipo de lindezas con el dedo corazón levantado al viento: «*Vaffanculo... Figlio di p...*». Mientras Fernando se alejaba de su maltrecho R26 pudo ver lo que significa ser el enemigo público número uno de Maranello. Hasta se encontró algún reprobable exaltado haciéndole el gesto del cuello cortado. Es curioso, ahora los entonces enemigos viven cada GP de Italia en Monza una apasionada historia de amor.

Con el ánimo bastante bajo, Alonso se quedó el lunes después de la carrera en Madrid para recibir el martes el Premio Nacional del Deporte al mejor deportista masculino español de 2005 (Galardón don Felipe de Borbón). La entrega de trofeos iba a ser en el Palacio de El Pardo, al mediodía. Era el punto de encuentro de un campeón del mundo vestido de etiqueta, y uno de sus amigos de las carreras, que aterriza en El Pardo con su Fiesta blanco quince minutos antes de que comience el acto en el famoso Patio de los Borbones del palacio.

Saludé a Luis García-Abad, el mánager de Fernando, y al piloto asturiano justo antes de que recibiera el premio. La familia real estuvo especialmente cariñosa con él. El rey le entregó la copa y segundos después don Felipe le dio también ánimos. Doña Letizia fue a verle antes que a ningún otro de los premiados. Le preguntó sobre la polémica de Monza.

Pero lo mejor llegó en el vino español posterior. Después de la foto de grupo y, mientras echaban al resto de periodistas, yo me quedé junto a Luis y Fernando, charlando con ellos. El piloto asturiano, cansado de la presión de aquel Mundial y de un fin de semana durísimo, fue la gran atracción del resto de galardonados y sus familias. La encantadora y también premiada Blanca Manchón, campeona del mundo de vela en Mistral, se acercó nerviosa y emocionada al asturiano para hacerse una foto con su ídolo. Todos los que charlaron con Alonso le decían lo mismo: «Ganaremos, ¿verdad, Fernando?» A lo que el ovetense replicaba sin parar de firmar autógrafos y encogiendo los hombros: «Está bastante difícil, pero podemos ganar, podemos hacerlo».

El cóctel tocaba a su fin y Fernando aún no había podido hablar con el rey Juan Carlos, presente en su carrera desde su debut con Minardi en 2001. Se acercó a su Majestad para despedirse y entonces asistí al sabio consejo del monarca: «Te lo digo desde el cariño, Fernando. Tú, a lo tuyo. Si Massa te provoca o los comisarios se equivocan, ignóralo. Tú, olvídate de eso y gánales en la pista». Fernando respondió pesaroso, pero también sincero: «Ya sabe, Majestad, que allí dentro no es tan fácil». A lo que don Juan Carlos contestó con un fuerte abrazo y mucho ánimo: «Hazme caso. Será mejor si vas a lo tuyo y los ignoras. A ganarles. ¡Ah! y dale recuerdos a Pedro, que me llamó el otro día». El rey fue certero y premonitorio en sus palabras. Alonso dejó a un lado la bronca de Monza y ganó en Interlagos su segundo título mundial.

Hasta ese GP de Brasil, aún hubo otros dos momentos claves. Uno fue el triunfo en China de Schumacher después de un tremendo desgaste (*graining*) en las ruedas delanteras del ovetense y un error táctico de Renault. Y otro el decisivo abandono por rotura de motor de Schumacher en Suzuka. Alonso le perseguía a distancia, pero sin dejar nunca de presionar a un Michael que apretó al máximo su motor vuelta tras vuelta. Recién bajado del podio donde recibió el trofeo de ganador, Fernando me contó una de las claves de aquella carrera: «Iba fuerte, pero no apuraba al máximo las revoluciones por si acaso». La fiabilidad fue decisiva. Los propulsores, retocados para obtener la mejor versión posible antes de ser congelados por reglamento, dieron muchos problemas en el último tramo de la temporada.

Finalmente, en la oficina paulista de los títulos a Alonso solo le hacía falta un punto. Terminó segundo la carrera detrás de Massa y tuvo una prueba relativamente tranquila después del pinchazo que sufrió Schumacher. El Kaiser remontó desde la última a la cuarta plaza en su despedida.

Nada más bajarse de su Renault el mensaje del recién proclamado bicampeón coincidió mucho con lo que le dijo don Juan Carlos cuarenta días antes en los Premios Nacionales del Deporte: «Se ha hecho justicia, el tiempo pone a cada uno en su sitio y en momentos difíciles e incomprensibles decisiones de este año (refiriéndose a Monza) nos mantuvimos unidos y fuertes. Yo he aprendido una lección muy importante: el juego limpio y la educación van por delante de todo en el deporte. Y más en la Fórmula 1. Tengo que dar las gracias a Michelin y a Renault por hacerme ver las cosas claras. También por la manera de afrontar las carreras que han tenido este año y... (en ese momento a Fernando se le quiebra la voz embargado por la emoción) al final la vida pone a cada uno en su sitio. Somos los campeones y mis compañeros y mi gente se lo merecen todo. Muchas gracias». A su lado, Massa, al verle tan emocionado, pasa su mano por encima del hombro y le golpea cariñosamente en la espalda. Bonito gesto después de un año a cara de perro entre Renault y Ferrari.

Como periodista, aquel jugoso día en El Pardo fue muy parecido al primer encuentro del rey con Fernando en el GP de España de 2001. Yo no me puse del lado del séquito que seguía al monarca, me quedé en Minardi junto al ovetense, Adrián Campos (su antiguo mánager) y los jefes del equipo. Así pude sentir el cariño con el que don Juan Carlos saludó a aquel joven piloto de Fórmula 1, de solo diecinueve años: «¿Qué tal, chiquitín?». Fernando sonreía mientras recibía el abrazo y los buenos deseos para la carrera de don Juan Carlos. Un año después, Alonso estaba de probador en Renault y el rey tiró de psicología: «Chiquitín, espero verte correr aquí el año que viene». Doce meses más tarde subía por primera vez al podio en Montmeló.

Al monarca, siempre humano y cercano, le he tenido que indicar por dónde podía encontrar a Alonso en la carrera inaugural de Bahrein 2004. Allí le quitó el apodo de chiquitín y se llevó unos guantes del asturiano de recuerdo. He visto su cara de disfrute después de que Alonso le diera una vuelta a tope sobre un Megane en Barcelona 2006, horas antes de entregarle el trofeo de ganador. Y también apurar el tiempo tanto que, en alguna ocasión, ha tenido que darle la mano cuando estaba ya sentado en su monoplaza tres minutos antes de salir.

De los últimos recuerdos me quedo con sus palabras de apoyo antes de Abu Dabhi 2010: «Ya sabéis que da mala suerte decir algo antes de la carrera, pero como comprenderéis le deseamos lo mejor de lo mejor». Allí ya tuvo que hacer el paseo de la parrilla en carrito de golf. Y también es destacable la broma que hizo desde Nueva Delhi, esa vez no pudo acudir a la carrera, antes del GP de India de 2012: «Habrá que ponerle chinchetas a Vettel para que no gane».

Don Juan Carlos es aficionado al automovilismo desde hace muchos años. Su amistad con Jackie Stewart nació en los setenta, en el ambientazo que se movía alrededor de la pista en el GP de España en el Jarama. Se lleva muy bien con Bernie Ecclestone, Jean Todt, Michael Schumacher y, por supuesto, con Pedro de la Rosa. La intervención del monarca («hay que hacer algo por este chico») fue clave para desbloquear las dudas de Repsol a la hora de apoyar a Pedro. Sin esa llamada de teléfono el piloto catalán no podría haber debutado con Arrows en 1999.

Capítulo 8

Ron Dennis: «¡Yo tengo un piloto!»

*L*o que pasó entre bambalinas durante 2007, el año de Fernando Alonso en McLaren, da no solo para uno o dos capítulos, serviría para un libro entero. Fue una batalla, primero larvada y luego campal, entre los rectores de una escudería y uno de su pilotos. El que ficharon como estrella, para beneficiar al otro, debutante. El equipo británico tuvo aquel año el mejor coche de la parrilla, pero escogió para ganar el título al piloto equivocado, Lewis Hamilton. Era muy bueno, sí, pero se arrugó en la fase decisiva de aquel Mundial con su célebre salida de pista en China. Aquel trozo de grava donde dejó su coche atrapado. Fue su primera oportunidad de ser campeón y la perdió. Después, Fernando le adelantó en la primera curva de Interlagos y él apretó el botón equivocado. Su coche se quedó parado después de apretar por error el anti calado. Fin de la historia. Kimi (Ferrari) campeón, McLaren sin puntos en constructores y una tremenda multa por un extraño caso de espionaje. Y Ron Dennis presumiendo de su gestión en la cena final con los patrocinadores: «De repetirse de nuevo este campeonato habríamos hecho lo mismo».

Con el tiempo, aquella temporada infausta para el segundo equipo con más palmarés de la F-1 terminaría por costarle a Ron su dirección en las carreras. Se retiró en 2009 después de que Hamilton ganara el Mundial. No seré yo quien dude del mérito del hombre que cogió McLaren y lo convirtió en el imperio que es hoy. Pero sí que le culpo de haber estropeado un proyecto ganador de tres años por su devoción hacia el piloto de casa. A su hijo deportivo, en el que invirtió seis millones de euros hasta hacerle llegar a la F-1.

Y en el trato personal con él, Ron siempre marcó mucho las distancias. Salvo aquel domingo en Shanghái, el del primer intento fallido de ser campeón de Hamilton. Terminamos a gritos cara a cara en una improvisada rueda de prensa. Todo por defender al piloto español de McLaren. Y hacerlo el día que Alonso pinchó desde el coche todos los globos de colores que inundaban una habitación del *hospitality* de plata. Nada más cruzar la meta segundo, el asturiano les lanzó otro mensaje más que curioso: «Hala, ya podéis volver a enfriar el champán». También había litros y litros de Mumm preparados para festejar el título del inglés.

Fue el fin de semana de las presiones de los neumáticos. Algo que venía ya de la carrera anterior en Fuji. Bajo un intenso aguacero durante la calificación, Alonso iba más rápido que Hamilton en todas las vueltas, hasta que tuvieron que parar los dos a poner ruedas nuevas. Solo quedaba un intento y zas, como por arte de magia, pole para Hamilton. Aquella tarde el asturiano se fue al hotel pensando que las presiones de los neumáticos quizás no estaban bien. Su confianza, según él mismo confesaba, era «cero» en su equipo. Y lamentó no haber desobedecido esa llamada a los boxes.

Después llegó la carrera, el *aguaplaning*, un accidente y el liderato del Mundial a doce puntos. Lewis ganó la prueba, disputada vergonzosamente con un *safety car* que se pasó veinte vueltas seguidas en pista.

Y, además, después del accidente de Alonso, no le penalizaron con el paso extra por boxes (unos 25 segundos) que se merecía tras pegarse demasiado al coche de seguridad, frenar bruscamente al pelotón y ser el causante de que Webber bloqueara los frenos de su Red Bull y Vettel, casi debutante en Toro Rosso, se lo llevara por delante.

Lo curioso del caso es que no se hizo nada durante el gran premio y tuvo que ser Ferrari quien presentara como prueba la grabación de un vídeoaficionado para que se investigara. Al final se analizó unos días después y no pasó nada. Lo único que los comisarios hicieron para justificar esa 'ternura' es quitarle al alemán la sanción de diez puestos en parrilla que le pusieron por causar aquel accidente. La lluvia fue el pretexto para no castigar al inglés con 25 segundos sobre el tiempo final de la carrera. Tremendo. Para el resto de pilotos de la parrilla y tal y como expresó Webber en China, «Lewis hizo un trabajo de mierda detrás del coche de seguridad». Solo necesitaba sacarle dos puntos a Fernando en China para ser campeón. De ahí los preparativos de boda en el equipo de Ron Dennis. En la temporada 2008 ya no fue así, pero durante aquel 2007 el británico que disparaba los audímetros en su país, sacó ventaja de algunas decisiones incomprensibles de los comisarios. Una de ellas fue grotesca, al convertirse en Nurburgring en el primer coche de la historia repescado de la grava y puesto de nuevo en pista por una grúa para que continuara en carrera.

Antes de ir a Shanghái, que se disputaba solo una semana después del GP de Japón, algunos periodistas cenamos con Fernando, su mánager Luis García-Abad y su exmujer Raquel del Rosario en el lujoso hotel Conrad de Tokio. Me encontré a la versión más apagada del bicampeón. Venía de sufrir el grave accidente, por suerte sin consecuencias, de Fuji. Ese en el que por radio se escucha decir a Fernando antes del golpe un enigmático «algo está mal en el coche». Intenté animarle con bromas, pero él seguía serio, un poco ausente. Eso sí, aún con confianza en los mecánicos e ingenieros de su coche: «Esos están conmigo». No dijo nada extraño sobre aquel trompo y colisión en Japón: «Fue aguaplaning». La verdad es que en aquella reunión de amigos no se habló demasiado de carreras.

En el tramo final del año el hielo era ya total a su alrededor. A Ron no le gustaba que nadie del equipo hablara públicamente con él. El trato era estrictamente profesional. Fernando comía y cenaba solo con su mánager y su gente. Y decía que no sabía quien se dirigía a él por radio en las carreras. Le llamaba «La Voz». Afrontaba los grandes premios sin saber en qué vuelta iba a parar.

No podía hablar con su ingeniero de pista, Mark Slade, uno de los héroes sin nombre de aquel Mundial. Ahora está con Räikkönen en Lotus. Slade no solo fue discreto. También fue valiente al trabajar duro para que su coche, el McLaren número uno que llevaba Alonso, fuera lo más rápido posible. Ese es el principio básico de cualquier ingeniero de pista. Intentar ganar. Prefirió cumplir bien con su trabajo antes que hacer la pelota a los jefes. Su fidelidad a Fernando, y después a Kovalainen, le costó a la larga abandonar su puesto en los circuitos. Le mandaron en 2010 a la fábrica.

Imagínense lo que debe ser jugarse un título mundial sabiendo que los jefes de un equipo están contra ti. Por eso aquel verano de 2007 (las carreras de Hungría y Turquía) no vimos la mejor versión de la estrella española. Uno de los responsables de aquella escudería llegó a decirle que no se quejara tanto de falta de igualdad, que si quisieran podrían quitarle tres décimas en el coche y no se iba a enterar. Eso es lo que Fernando terminó por creer que le pasó a su coche en Interlagos. Fue la traca final de un campeonato en el que tuvo algunos momentos de respiro cada vez que Lewis estaba algo más lejos en la lucha por el título. Así llegaron sus exhibiciones de Spa y Monza. También levantaban el pie por su constante beligerancia. Si llega a ser sumiso habría sido peor.

Antes de viajar a Sao Paulo, volvemos a la tarde de la calificación en Shanghái. Aquel seis de octubre, Alonso fue solo milésimas más lento que Hamilton en la Q1 y media décima más veloz en la Q2. Sin embargo, en la fase decisiva, la Q3, los tiempos de repente no le salían. El asturiano se quedó cuarto en parrilla a seis décimas del británico y más de siete de su mejor vuelta.

Al terminar la calificación fue a su box y comprobó lo que se temía: las presiones de los neumáticos estaban mucho más altas de lo normal. Según me explicaron los ingenieros a los que consulté pudo perder por ese motivo medio segundo por vuelta. Es la forma más sencilla de manipular un monoplaza. Fernando se bajó del coche como una exhalación y, después de comprobar que el error era cierto, salió del *hospitality* dando un portazo que aún se recuerda.

El siguiente hito de aquella tarde fue una rueda de prensa con los medios españoles en la que el asturiano explotó al fin públicamente después de meses mordiéndose la lengua: «Hablan mucho de la igualdad. De que ellos tratan a los dos pilotos de la misma manera. Pero es imposible tener igualdad en un equipo de Fórmula 1. Siempre hay un mejor motor, una mejor vuelta para detenerse». Hace una pausa valorativa y habla del doble discurso de Ron: «Pero bueno, siempre que le oyes hablar, o promete esas cosas, no son así. Yo no pido un trato de favor. Lo único que quiero es que no se me perjudique. ¿Las presiones? Estaban desorbitadas y eso es muy raro, pero es muy difícil intentar buscar o comprobar algo que seguramente no te quieran decir. Estoy con muy poco ánimo para la carrera».

Y cuando se le preguntó por los argumentos que usaba Dennis aseveró: «Vale más callar que mentir, eso está claro. Eso es algo que él tendría que hacer más y a su equipo le iría mucho mejor. Muchos de los escándalos que ha sufrido McLaren fuera de los circuitos han sido provocados en gran parte por sus cosas. Cada uno tiene su filosofía. Él tiene la suya y todos la entendemos. He hablado mucho con Coulthard, con Montoya, con Kimi y todos se han ido del equipo y han encontrado mucha felicidad. Por algo será». En 2012, Hamilton, el chico de oro de la escudería durante tantos años, se sintió liberado al dejar su equipo de toda la vida. Ya no era el niño mimado. También se enfrentó a Ron.

Lewis se quedó atascado en la puzolana y abandonó en Shanghái. Alonso no quiso ni mirar desde el podio a unos Dennis y Norbert Haug (jefe de Mercedes) a los que se les notaba el disgusto con el segundo puesto de uno de sus pilotos. Y minutos después de la carrera, el dueño de la escudería británica soltó la bomba en un corrillo con los periodistas ingleses: «El problema fue la lluvia y, cuando fue a entrar en boxes Lewis se salió porque sus ruedas estaban en peores condiciones. Pero nosotros no estábamos compitiendo contra Kimi, corríamos contra Fernando. Una victoria de Kimi y un segundo puesto de Lewis habría sido adecuado». Sonó la sirena, caretas fuera. Cómo sería de evidente la cosa que el entonces enviado especial de *The Times*, con el que me pasé todo el año discutiendo, vino a contármelo: «Carlos, tenías razón, McLaren no quiere que Alonso gane el Mundial. Ahora la única diferencia entre nosotros es que yo pienso que la culpa de esta situación es de Fernando y tú que es del equipo».

Se lo pensó y le costó, pero después de muchos ruegos y más de una hora de espera, Dennis accedió a dar una rueda de prensa a los pocos medios españoles allí destacados. Le preocupaba el hecho de que la imagen del equipo estuviera por los suelos en nuestro país. Al fin y al cabo, el Santander era uno de sus patrocinadores. Apareció ya con andares algo chulescos. Listo para la batalla dialéctica y a la defensiva. Primero le preguntó un compañero sobre cómo se sentía después de la carrera. Esta fue su respuesta: «De una manera distinta a la que la mayoría de la gente en España se cree. Mi intención es ofrecer igualdad de oportunidades a ambos pilotos». Y a continuación entré yo y la conversación terminó con Ron gritándome a escasos centímetros de mi cara mientras le aguantaba la mirada: «*I have a driver, you dont't have a driver!*» («Yo tengo un piloto, usted no tiene un piloto»). Así fue la discusión:

—Sí, pero su reacción no ha sido la misma que la que tuvo en Fuji con el abandono de Alonso… Le vi frío en Fuji y aquí no paraba de hacer aspavientos.

—Cuando Fernando tuvo el accidente el coche estaba destrozado, ¿qué quería que hiciera? Lo cierto es que usted ha elegido solo ver un lado de las cosas. Usted nunca viene a verme, nunca me pregunta mi opinión y se hace la suya propia.

—¿Y los problemas con las presiones en la calificación?

—Las presiones de los neumáticos eran totalmente correctas y su vuelta fue buena para sus posibilidades.

—La vuelta extra, que le da una décima o décima y media de ventaja al piloto del equipo que sale último a pista, ¿No debería ser en Interlagos teóricamente para Fernando?

—¿Por qué me pregunta cosas tan controvertidas y propias de la escudería? Nosotros siempre podremos justificar que nuestras acciones son justas e imparciales. ¡Se acabó!

—Porque tenemos un piloto que no confía en su equipo…

—Usted no tiene a ningún piloto.

—Pero es un piloto español…

—¡Yo tengo a un piloto español en mi equipo! Usted no tiene a ningún piloto (*a gritos con voz inquisitiva*).

—¿Así puede Fernando ser feliz en el futuro en McLaren?

—No voy a hacer ninguna valoración de futuro. Esperaremos a después de Brasil.

Y se fue, enfadadísimo. Tanta polvareda se armó con lo de las presiones de los neumáticos de Alonso y las palabras de Dennis, que la FIA decidió que hubiera un observador en el box de McLaren en Interlagos para vigilar que no le hicieran nada a su monoplaza. En realidad hubo dos, un comisario y Carlos Gracia, presidente de la Real Federación Española de Automovilismo. Fue una decisión más de imagen que otra cosa. Un equipo puede meterle un gol sin problemas a un comisario (pueden hacérselo incluso a un piloto), o traerse las especificaciones del coche que quiera desde la fábrica.

En el camino hacia Brasil conocimos que, además de las presiones extrañas como pasó en Fuji y en Shanghái, existen otras maneras de hacer que un coche vaya más lento sin que el piloto se entere. El truco es retrasar con la electrónica un poco el encendido del motor. El monoplaza acelera más despacio, aunque como la potencia está ahí, puede alcanzar la misma velocidad punta en recta. Mientras tanto, Ron Dennis se paseó por Madrid. Vio a Emilio Botín en su sede del Banco de Santander y le contó una película de vaqueros. Le garantizó la total igualdad para la última carrera del año. Además de negar esas declaraciones (que tengo grabadas), en las que dijo que corrían contra Alonso. A la reunión también asistieron Pedro de la Rosa y Carlos Gracia.

Así las cosas, llegaron los últimos libres de 2007 y me fui a la pista. Vi a Alonso arriesgar como un toro

FÓRMULA 3000. Fernando Alonso, copa en mano tras una victoria en la categoría que le abrió definitivamente las puertas de la Fórmula 1. Debajo, ese mismo día de agosto del año 2000, junto a Pedro de la Rosa y a Marc Gené, ahora trabajando los tres para Ferrari.

TRES CAMPEONES. Los tres pilotos más valorados de la Fórmula 1 celebran su título de campeón. El segundo de Fernando Alonso (arriba, en 2006), el primero de Hamilton (izquierda, en 2008) y el de Vettel (derecha, en 2010).

EL GRAN DÍA DE PEDRO. Alonso felicita a De la Rosa por su segundo puesto en el GP de Hungría del año 2006. Ese mismo año, Carlos Sainz y su hijo (aspirante hoy en día a pilotar un coche de Fórmula 1) visitan a Alonso durante la celebración del Gran Premio de España.

GRAN PREMIO DE MÓNACO. El Ferrari de Fernando Alonso salta por los *pianos* del circuito urbano de Montecarlo en el Gran Premio de 2012.

EL PEOR AÑO DE ALONSO. El año 2007, Fernando Alonso lo pasó mal en McLaren. Lo que se prometía como una temporada feliz (arriba, sonriente junto al director del equipo, Ron Dennis) acabó con distanciamiento y malas caras a partir del Gran Premio de Hungría (abajo)

LA FIESTA DEL CAMPÉON. Fernando Alonso consiguió su primer título mundial en el G.P. de Brasil de 2005. Esa noche celebró una gran fiesta en São Paulo, a la que pudo asistir Carlos Miquel. Debajo, el autor del libro sobre un Arrows similar al que pilotó De la Rosa.

CARLOS MIQUEL CON SCHUMACHER Y KUBICA. El autor dedica dos capítulos al piloto más laureado de la F-1 y al que pudo ser uno de los grandes.

en las curvas. Me pareció que iba mejor que Hamilton y, cuando regresé al *minipaddock* no me podía creer los cronos. Estaba a seis décimas por vuelta. Mientras se comía un plato de pasta con pollo le pregunté: «¿Qué ha pasado Fernando? ¿Las presiones?». Y me contestó que no, que eso estaba bien. Y seguí preguntando mientras comía a toda velocidad: «¿Y el motor?». En ese momento torció la cabeza con gesto de duda: «Regular. Llevo menos ala que nadie.». Y tampoco corría tanto, eso es lo que quería decir. En la calificación llegó a estar quinto y mejoró con mucho esfuerzo hasta la cuarta posición. No hubo errores de pilotaje. Pero sí algo menos de tres décimas, ¡ay esas tres décimas que le podían quitar sin que se diera cuenta...! Fernando se fue como un cohete y muy enojado a ver a los ingenieros. Las presiones, los datos de telemetría del motor... Tenía la sensación de que algo raro había pasado. En todo el fin de semana el coche no funcionó como él quería y siempre estuvo detrás de Hamilton. Cuando el monoplaza estaba abierto a Fernando no le dejaban ni acercarse al propulsor. La sensación en el clan del asturiano es que la triquiñuela, el coche con menos prestaciones, se lo habían traído preparado de casa. Entre las múltiples posibilidades en un deporte de precisión como este, también entraba un excesivo tarado del autoblocante, que frenara el coche a la salida de las curvas. Y aquel McLaren salía muy mal de la última curva. El motor, el autoblocante o hasta las dos cosas juntas.

El caso es que el destino quiso que Ron perdiera. Y solo había dos maneras de que pasara eso, con un triunfo de Alonso, aunque también ganaba McLaren o con el de Räikkönen. Fue el castigo a una mala gestión deportiva. Y también un año inolvidable para un periodista. A lo que pasó en Brasil, con Ferrari ejecutando unas órdenes de equipo claras, pero justificadas, entre sus pilotos para que ganara Kimi la carrera, y los periodistas italianos felicitando después del gran premio a Alonso, siguió un largo invierno de información diaria sobre el futuro del ovetense. En esos dos meses, el piloto español cerró el resto de su carrera deportiva, un primer paso por Renault antes de la meta final: Maranello.

Capítulo 9

De McLaren a Ferrari

*H*ay frases que nunca se olvidan. Como la que me dijo Fernando Alonso el jueves previo a la carrera de Indianápolis 2007: «Me voy a ir a Ferrari». El proyecto McLaren había muerto para él a los seis meses de nacer. Sentía que Ron le había traicionado y no podía seguir ni un minuto más allá del 31 de diciembre vestido de plata. Y el primer objetivo era rojo.

Pero no pudo irse allí en 2008. En Ferrari, Jean Todt le cerró las puertas con la renovación de Massa, que tiene de mánager a su hijo. Sucedió antes de la carrera de Fuji. Todt se tomó a mal y nunca perdonó que Fernando rechazara una oferta de Ferrari en el año 2000. Por lo menos, la estrella española llegó aquel noviembre a un acuerdo con la escudería italiana (que preside y presidía Montezemolo) para ser su piloto en 2011, cuando terminaban los contratos de Felipe y Kimi. Sin embargo, le dijeron que estuviera atento por si tenía que formalizar su fichaje antes. Por eso no fue a Red Bull, equipo que le parecía la apuesta de futuro de la F-1, pero que le ofrecía dos años con opción a un tercero. Y además tuvo en 2007 demasiadas averías. Tenía que elegir entre los equipos que le permitían renovar temporada tras temporada, Toyota y Renault. Y volvió con Flavio Briatore, que le cortejó con cariño y le ofreció el mejor contrato en lo económico de toda su carrera deportiva. Inferior, eso sí, al cheque en blanco que le ofreció Toyota.

Entre 2008 y 2009, a Fernando le pretendió Ross Brawn, que le habló de que habían encontrado una innovación que haría a su proyecto ganador. No entró en más detalles, pero luego supimos que era el famoso doble difusor que le daría el título a Button. Le dijo que no, y también a BMW. Ferrari le aseguraba ya por entonces que 2010 sería el año de su aterrizaje en Maranello. Y así lo adelanté en septiembre de 2008 en las páginas de *AS*. No lo hicieron antes porque Räikkönen, del que ya estaban cansados, decidió ejercer su cláusula de renovación automática en Monza. Despedirle en ese momento habría costado demasiado dinero. O largas luchas legales. Así que Alonso siguió otra temporada más en Renault preparándose para el desembarco rojo.

Desde su llegada, a la escudería de Maranello se la ganó a base de trabajo. Le ayudó su fluido italiano. Su implicación es total y, aunque también ha habido algunos problemas lógicos en un grande de la F-1, se le nota completamente respaldado por el equipo. Amplió su contrato cuando peor iban las cosas, en 2011. Es el líder en la pista, como lo fuera en tiempos de Schumacher. Sus fotos, y no las de Michael, son las que presiden en la actualidad el restaurante Montana junto al circuito de Fiorano. El refugio de los pilotos. Gracias al asturiano, su dueña, Mamma Rosella, ya sabe cómo hacer la tortilla de patata.

Con sus altibajos, la complicidad que tiene con el equipo italiano es la muestra de lo que debería haber sido McLaren para Fernando. Pero no fue así. Y conviene profundizar en las razones y acontecimientos que le llevaron a marcharse de uno de los equipos más poderosos. Dejó un coche ganador por una travesía en el desierto a la espera del amanecer rojo. Lo hizo por dignidad y coherencia. Analizado ya el final de la guerra, vamos con el comienzo.

Alonso dio el puñetazo en la mesa la víspera de Montreal 2007. Uno de los peores grandes premios que ha hecho en su vida. Al Alonso piloto, una auténtica máquina de las carreras, lo único que le afecta es la emotividad fuera de la pista. Si es infeliz en su casa de los circuitos, entonces surgen los errores. El ovetense tuvo una bronca con Dennis, que, en pos de una supuesta igualdad, decidió hacer salir a los dos pilotos a calificar con la misma gasolina. Y, después, el que se clasificara primero de los dos elegiría estrategia. Y digo supuesta porque eso beneficiaba a la explosividad de Lewis, que tenía en su *punch* a una vuelta su gran baza contra el ritmo bestial de su compañero en carrera.

Hasta el GP de Mónaco el piloto español había tenido libertad para elegir estrategia. Si quería salir con más gasolina que Lewis, lo hacía. Y si prefería menos peso en el coche, como hizo en Mónaco, también. Sin problemas. Fernando hizo aquella pole monegasca de manera magistral y la hubiera logrado también a pesos idénticos. Pero el ambiente el sábado por la tarde ya estuvo enrarecido.

El asturiano y su compañero corrieron como demonios en las primeras vueltas. El bicampeón llegó primero y con un buen margen sobre el otro McLaren a la primera parada. El doblete estaba asegurado. Sin embargo, los frenos estaban muy altos de temperatura y ambos debían bajar el ritmo para evitar incidentes o problemas. Se lo pidieron por radio. Alonso obedeció. Bajó revoluciones e intentó pilotar de la manera más segura posible. Lewis no. Siguió atacando en contra de las instrucciones que provenían del muro de boxes. Algo que sabe y explica muy bien el ingeniero de comunicaciones de entonces, el español José Santos: «Un piloto es un trabajador más del equipo y debe obedecer lo que le piden. Lewis no lo hizo y si llega a chocar, podríamos haber tirado por tierra el esfuerzo de todo el equipo. A aquella carrera llevamos una buena evolución de motor y aquellos eran puntos muy interesantes para el Mundial».

Fernando preguntó sobre qué diablos estaba haciendo Lewis. Le dijeron la verdad y entonces puso todas las revoluciones y apretó el ritmo: «Si quiere correr, correremos». Llegó a la segunda parada aún con más ventaja que a la primera. El asturiano levantó el pie tal como le pedían desde boxes. Fuera de sí, Lewis, que quería ofrecer el trofeo delante de todas las cámaras a su hermano enfermo, siguió atacando hasta alcanzar a Fernando. Empezó un acoso baldío que le costó besar el muro y, finalmente, ceder en su empeño de apurar la mecánica en las últimas quince vueltas. El piloto español no entendió la actitud de su compañero. Y peor aún fue lo que se encontró en la antesala del podio donde le esperaba Alberto de Mónaco. Ron Dennis fue a felicitarle y, cuando se estaban abrazando, le dijo al oído: «No seas demasiado duro con Lewis, que le he tenido que parar». Pónganse por un momento en el pellejo de un piloto que acababa de lograr su segundo triunfo en las calles del Principado, con dos coches distintos, y con un *hat trick*: pole, victoria y vuelta rápida en carrera. El merecidísimo ganador contó hasta diez y se contuvo para no mandarle allí mismo al carajo.

Los dos hombres de McLaren llegaron a la sala de prensa de Montecarlo bastante serios. Allí Lewis soltó la bomba con cara lastimosa: «Debo aceptar que él es el número uno y yo soy el número dos del equipo». Resulta que era el británico quien había enfadado al equipo de ingenieros con su actitud y, sin embargo, lanzaba de esa forma a la prensa en contra de Ron Dennis. La siguiente imagen fue la de Dennis acorralado por los colegas ingleses en la puerta de su *motorhome*. Metiendo la pata: «No me gusta frenar a los pilotos y no me gusta verlos disgustados, pero esta es la forma de ganar en Mónaco». Protegía así al díscolo Hamilton y su inversión de años.

No era esa la manera. De hecho, meses después reconoció públicamente algo que fue incapaz de decirle en privado a su piloto, que se había equivocado: «Nada más terminar la carrera la prensa inglesa saltó sobre mí. Hamilton me dijo todo el fin de semana: "Quiero ganar en Mónaco, es mi pista favorita, quiero ganar en Mónaco...."». Y en la carrera tocó el guardarraíl un par de veces. Tuve que controlar la situación y decirle que estuviera tranquilo. Y fue difícil para mí. Iba al límite y tuve que pensar en lo mejor para la escudería. Era la decimocuarta victoria en Mónaco y estaba muy satisfecho. Los periodistas ingleses me atacaron. Estaba encantado por Alonso. No les di órdenes, pero sí instrucciones de que tuvieran cuidado. Lo que se publicó afectó a nuestra relación. Mis acciones dañaron mi relación con Fernando. Él es pasional y esto le afecta. Pero yo estaba encantado con su victoria. Disfruté mucho con el doblete».

Su enemigo Max Mosley, presidente de la FIA (Federación Internacional de Automovilismo) ordenó investigar la victoria de Alonso por haber ejecutado unas posibles órdenes de equipo (entonces prohibidas). La investigación quedó en nada (entre otras cosas porque sí que lucharon entre ellos), pero Alonso ya estaba mucho más que harto. Entre el despropósito de Mónaco y la catarsis americana, Ron quiso que Fernando fuera a su fiesta de cumpleaños en el barco del multimillonario Mansur Ojeh. El asturiano declinó la invitación y para el dueño de McLaren aquello fue una ofensa gravísima. Una falta tremenda de *commitment* (compromiso) con el equipo. También le molestó que no quisiera apoyar públicamente la causa de la niña desaparecida Madeleine. Su piloto le recordó el desgraciado caso de Yeremi y de tantos otros en España.

En el invierno las cosas no eran, ni mucho menos, tan crudas. Hamilton tuvo varios accidentes durante la pretemporada. Y le critiqué por ello. Le había visto en GP2 y me parecía un piloto con mucha clase, pero, para ser sinceros, temía que se la liaran a Alonso. Sobre todo por su nacionalidad. Un británico en un equipo británico. Así se la jugaron a Carlos Sainz en sus dos años en el equipo Subaru de rallies frente a Colin McRae. Pensaba que había que estar vigilante y no darle ni un metro de ventaja a Lewis porque el equipo iba a estar, al menos sentimentalmente, a su lado. Pero fue Fernando el que me pidió que levantara el pie del acelerador con su compañero de equipo. Al principio el asturiano, que se cortó el pelo y cambió los colores de su casco como gesto hacia McLaren, intentó hacer grupo: «No te metas tanto con Lewis, que es bueno, de verdad que es bueno.»

Ron se mostraba en público del lado de su nuevo piloto. La primera vez que estuvimos en Paragon, la sede de McLaren en Woking, el millonario británico salió a recibirnos con una advertencia: «Bienvenidos a nuestra casa. Tienen toda nuestra colaboración desde este momento. Pero a Fernando no le gusta que hablen de su vida privada y es algo que nosotros no vamos a admitir. Creo que podemos tener una buena relación juntos, pero eso dependerá también de ustedes. Yo he puesto el balón en juego, ahora la pelota está en su campo...» Aquel había sido el invierno de la boda de Alonso con Raquel del Rosario. Y el asturiano, siempre celoso de su intimidad, se enfadó con las informaciones que salieron, sin su consentimiento, del enlace.

En la presentación en Valencia me encontré a un Fernando transformado sobre el que hizo su primer test con McLaren en Jerez, gracias al permiso de Briatore. El pelo lo tenía corto, muy corto y vestía un traje de Hugo Boss. Estaba muy ilusionado después de meses de conversaciones con Pat Fry sobre cómo debía ser el nuevo coche. Entre los cambios que había sugerido para el monoplaza uno era el de la posición de pilotaje, más baja de lo normal para mejorar el centro de gravedad (algo que aprendió junto al diseñador Gustav Brunner en Minardi), y otro la simplificación en el manejo de los mandos del volante.

Importó también de Renault alguno de los métodos de la escudería francesa, menos poderosa, pero muy eficiente en algunos aspectos. Venía de un estupendo equipo de carreras, con menos politiqueo que los grandes. Que nadie lo olvide. De ahí, y de las dos décimas por vuelta que siempre aporta con su capacidad para reglar bien un coche, salen las famosas y polémicas seis décimas que le dio a McLaren el campeón español. Fue una valoración que hicieron en privado sus jefes, Dennis y Haug (Mercedes). Lo logró todo el equipo, pero con la importante contribución de Alonso.

Sin embargo, la guerra empezó ya en la primera carrera en Melbourne. La escudería aplaudió a rabiar el adelantamiento del inglés a Fernando en la primera curva. Y los invitados VIP del *hospitality* le hicieron pasar un mal trago con sus gritos al padre de Fernando, José Luis, y a su mánager, Luis García-Abad. El asturiano, que terminó por superar a su compañero de equipo, acabó segundo la carrera. El lunes después del gran premio me encontré con Alonso en una terraza al lado del casino Crown, frente al río Yarra. El sol de la ciudad de las cuatro estaciones animaba los paseos de los integrantes de la gran familia de la F-1. Eran las tres de la tarde, tomamos un café y charlamos sobre la carrera. El ovetense estaba tranquilo: «Que celebren el podio o lo que quieran, yo he terminado delante». Mientras tanto, el deslenguado Dennis le dijo a los patrocinadores españoles del equipo que había ayudado a Fernando, ralentizando la parada de Lewis en boxes. Y por eso le había pasado. Algo incierto y que no creo que le hiciera mucha gracia al piloto que les había traído el número uno de vuelta a McLaren.

Malasia, con la primera victoria de Alonso vestido de plata, fue una tregua antes de Bahrein y la enigmática caída de los plafones. Aquel fue un incidente que también mosqueó al ovetense. La noche del viernes al sábado una de las piezas con fluorescentes y distintas herramientas que los equipos usan para trabajar sobre los coches se cayó sobre el monoplaza del asturiano y, en parte, sobre el muleto, que estaba previsto para él. Pesaba 100 kilos y dañó el alerón trasero y la zona posterior del monoplaza. La escudería inglesa, después de analizar someramente los daños, decidió seguir con el chasis inicial en lugar de cambiarlo por el de reserva. Fue un error, más tarde supieron que el MP4/22 tenía una pequeña fisura en el chasis que le hizo perder al ovetense medio segundo por vuelta y terminar quinto y fuera del podio. Salía cuarto, acosó a Hamilton, que se defendió a base de bandazos más que dudosos y después perdió, sin ritmo, dos posiciones en carrera.

Nunca sabremos la verdad de por qué ese plafón se cayó sobre el coche número uno y no en el de Hamilton. El de su lado se soltó, pero el coche no estaba colocado debajo y no le afectó. En cualquier caso, lo que pasó en el circuito de Sakhir recordó a algunas de las cosas que un piloto no británico solía sufrir cuando corría junto a otro isleño en una escudería inglesa. Dicen que una noche de borrachera le llegaron a aflojar a un grande de los rallies la correa de distribución. Y no fue la única que le hicieron.

Después de que Alonso ganara en Sepang, McLaren quería darle su primera victoria a aquel chaval que, cuando tenía solo 14 años, ya se fogueaba en el simulador de Woking. Por eso a Fernando le mosqueó la coincidencia cósmica de que su coche se deteriorara después de ser claramente más veloz que Lewis en los libres del viernes de Bahrein. Y, sobre todo, que no decidieran cambiarle el chasis roto. A esa paulatina disminución de confianza en el equipo volvieron a contribuir una vez más las declaraciones de sus jefes. Nada más acabar la carrera de Sakhir a Martin Whitmarsh, el jefe de operaciones, se le salió el corazón del pecho cuando habló emocionado del debutante: «Lewis puede luchar por el título mundial». Empezaban a verse síntomas claros de lo que luego pasaría. Recuerdo el final de mi crónica de aquel gran premio: «Siempre que en McLaren no se vuelvan locos con los cantos de sirena de su debutante, Alonso podría aprovecharse en la batalla entre Massa y Kimi en Ferrari y ganar su tercer título mundial». Sí que se volvieron locos.

Meses después, de Estados Unidos regresamos con dos victorias seguidas de Lewis Hamilton y Alonso absolutamente enfrentado al dueño de la escudería. La última bronca fue porque no le dejaron pasar al inglés, aunque era claramente más veloz en Indianápolis. Intentó adelantarle, pero tuvo que levantar el pie para no chocar. Y, al siguiente paso por meta, les mandó un recado con las manos. Después, pararon la batalla en su contra desde boxes.

Así las cosas, le cayeron dos averías seguidas el sábado de Magny-Cours, en el GP de Francia, que levantaron de nuevo sus sospechas. Aunque nunca las llegó a denunciar públicamente. Primero un sensor en los frenos que le impidió rodar en la última sesión de libres y después, en la calificación, una avería de cambio que le costó salir décimo en parrilla. Ya en carrera, el coche tampoco rodó demasiado fino. Fue uno de esos fines de semana que en ocasiones sufre en la actualidad Webber.

De allí el Mundial se fue a Silverstone. El sábado por la mañana, antes de la calificación, Alonso salió con cara de muy pocos amigos de verse con Ron. Le pidió la vuelta extra. Consistía en hacer un paso por meta más que tu compañero. De esa manera se gastaba algo más de gasolina y, en el caso del circuito inglés, eso te daba una ventaja de 1,3 décimas por vuelta.

Ese fin de semana, después de plagiar siempre los reglajes, desarrollos e ideas de Alonso, al inglés le dio el orgullo de piloto y decidió ocuparse él de poner el coche a su gusto. Fracasó. Su McLaren no iba para la carrera y en lugar de confiar en el piloto más veloz del fin de semana, el equipo le dio esa ventaja a Lewis. Además de varias vueltas menos de gasolina (un peso menor) para que lograra la pole. Y lo hizo, pero ese primer puesto en la parrilla habría sido del asturiano de tener el beneficio que le correspondía ya en Magny-Cours y no pudo disfrutar por la rotura de la transmisión. Fernando pidió lo que aquella avería le hurtó y lo último que le dijeron es que no se lo daban porque estaban en Inglaterra. El ovetense le sacó 36 segundos en carrera a Lewis y, si no ganó, fue por un error táctico de su escudería. Fue emocionante ver cómo, pese a todo lo que estaba pasando, el público británico recibió la entrada en meta del bicampeón entre aplausos. Si hubieran apoyado a su piloto campeón desde el sábado el triunfo habría sido para McLaren. De ahí la frase que ha repetido varias veces Alonso desde entonces: «Si viera a Ron le diría: ¿Por qué nunca me escuchaste?».

Nurburgring nos dejó días después un triunfo imborrable de la estrella española, que pasó por fuera a Massa y llegaron a tocarse... Al llegar a meta el español se lo recriminó. Y Felipe se puso a insultarle en italiano. Estoy convencido de que Fernando prefirió echarle en cara al brasileño su enésimo toque juntos (el anterior fue en Montmeló y le arruinó la carrera) antes que irse a festejar con Ron Dennis. Éste le esperaba para abrazarse y escenificar una normalidad inexistente desde hacía meses. Tiempo después los dos latinos hicieron las paces. Pero la brecha con el jefe de McLaren continuaba…

Hungría, con Alonso de nuevo a solo dos puntos, iba a ser clave para el Mundial. Como siempre que se acercaba a Lewis, el ambiente en el ultramoderno *motorhome* de plata se podía cortar. Y esta vez, la vuelta extra en calificación le correspondía a la estrella española. Así que había lío a la vista.

El equipo dio la orden de que debía ser Fernando quien tuviera ese beneficio en un circuito donde la pole es fundamental. Sin embargo, el malcriado Hamilton volvió a desobedecer. Le pidieron que cediera su posición y no quiso. El volcán entró en erupción. El británico no dejó de darle voces a Dennis por la radio. Y Alonso tiró de repertorio y puso en práctica su plan B. El fallo que había visto en el sistema de calificación de la escudería. Si él tardaba más de la cuenta en boxes, su compañero no podría hacer el intento final. Lo logró hablando los segundos necesarios con su ingeniero mientras Lewis esperaba con su coche justo detrás. A ese momento pertenece un brutal diálogo por radio entre aquel debutante al que los ingleses pintaban como un ángel y el hombre que le llevó a la Fórmula 1:

—LEWIS: No me jodas otra vez. ¿Qué hace ahí Fernando?
—RON: No me hables de esa jodida forma.
—LEWIS: Que te jodan.
—RON: No se te ocurra volver a hablarme así en tu vida.

Lo que sucedió era, además, algo insancionable porque no estaba contemplado en ningún artículo del reglamento. Un piloto puede volver a salir a pista con neumáticos usados. No tienen por qué ser nuevos. Además, da la casualidad de que el McLaren número uno logró la pole con ruedas usadas, porque las nuevas tenían mal las presiones. Las malditas presiones… El asturiano estaba cargado de razón para hacer lo que hizo.

El final fue de traca. Ron se fue, antes de discutir en el pesaje con Hamilton, a por Fabrizio Borra, el fisio de Fernando, al que consideraba culpable de haberle hecho la cuenta atrás con los dedos a su piloto para perder diez segundos en el cambio de ruedas. Y Anthony Hamilton, el padre de Lewis, corrió hacia Charlie Whiting, el jefe de comisarios, para denunciar la maniobra del ovetense. La FIA inició la investigación, McLaren defendió al campeón español y el piloto que, según él mismo, «llevaba la escudería en las venas», dio la versión opuesta.

Ese día eterno, que había comenzado con un encuentro de Norbert Haug, jefe de Mercedes, y Ron Dennis con la prensa española en el que contaron el cuento de 'Caperucita en Woking' y hablaron de que no había graves problemas en el equipo, siguió con la rueda de prensa de la manzana y terminó con una sanción sin justificación alguna en el reglamento.

«Why? Why?» Los periodistas ingleses no paraban de preguntarle por las razones de su larga segunda detención como si se trataran de los fiscales de un tribunal. Era durante el famoso *Meet the team*, rueda de prensa de los sábados a la que acuden pilotos y jefes del equipo, y que solía ser célebre por su absoluta falta de trascendencia. Era todo un baño y masaje a la hora del té. Aquella tarde no fue así. Fernando estaba solo mientras se comía una manzana y respondía con la mayor tranquilidad del mundo: «Hablaba con mi ingeniero sobre porqué me había puesto los compuestos duros y no los blandos, nada más».

Después de ver como Ron ponía a su piloto español al pie de sus propios caballos, nos llegó la tensa espera.

Las siete, las ocho, las nueve de la noche… Sin noticias. Y en esto que suenan las 23:45 en el reloj y sale ya la clasificación oficial. La señal tradicional de que no se ha producido ninguna sanción. En el clan de Alonso también respiraron tranquilos, pero… Media hora después saltaba el comunicado de la penalización. Incomprensible. Irreal. Le quitaron la pole y le sancionaron con cinco puestos en parrilla porque «no creían los argumentos» de Alonso. Tenía que salir sexto. La sentencia no remitía a artículo alguno del reglamento. Fue porque sí, o mejor dicho, por la llamada directa de Mosley.

Otra vez la FIA aparecía como la tenebrosa figura de fondo de todo aquel año. Tiempo después el dirigente británico le confesó a un periodista *off the record* que decidió sancionar a Alonso para agitar el avispero de McLaren. Necesitaba pruebas para reabrir el caso de espionaje, el de los planos del Ferrari F2007 robados por el jefe de mecánicos Nigel Stepney para el responsable de diseño de McLaren, Mike Coughlan.

A la mañana siguiente, Fernando discutió ardorosamente con Ron Dennis en su oficina de la planta del castillo de cristal. Según me dijo el asturiano, no les amenazó de ninguna manera, pero el millonario británico dio otra versión bien distinta. Y de manera incomprensible, fue él mismo quien llamó a Mosley para decirle que Alonso tenía nuevas pruebas, unos correos electrónicos, en el asunto del espionaje. Poco tardó la Federación Internacional de Automovilismo en pedírselos, bajo amenaza de retirarle la superlicencia. No le quedó otro remedio que colaborar. Ahora bien, si en ese equipo no se hubiera sentido burlado, engañado y maltratado, su actitud habría sido distinta. Los habría defendido a muerte. Como hace ahora en Ferrari.

Aquellos *e-mails*, vistos en perspectiva, eran auténticas tonterías. Un intercambio de correos entre el ovetense y su mano derecha en el equipo, el probador Pedro de la Rosa, sobre la manera de mejorar el rendimiento del coche. Se hablaba de detalles como el reparto de pesos de Ferrari, que conocían gracias a Stepney y Coughlan. Y que ni siquiera llegaron a probar, por cierto. O del gas con el que hinchaban las ruedas, el sistema de frenos... De intentar conocer lo bueno que pueden tener los rivales, igual que sus adversarios sacaban información de las flechas de plata. Así es, y será la Fórmula 1. Pero los correos para lo que sí servían era para dejar en un absoluto descrédito a Ron, que meses atrás habló de que a él le movía la verdad y se dio golpes en el pecho sobre la absoluta limpieza de su escudería. Mosley, que quería destruirle, estaba encantado de la vida.

El bicampeón español habló poco de la carrera esa mañana. Se llegó a pensar en la posibilidad de dar una rueda de prensa multitudinaria como en Monza 2006 para denunciar una sanción injusta. Al final no lo hizo, pero sí que habló con todo el que quiso preguntarle. Esta vez McLaren sí que defendió oficialmente al asturiano, pero no fueron capaces de meter en cintura a Lewis. Hasta seis veces le pidieron que dejara pasar a Alonso para que su compañero tuviera la vuelta extra. El piloto ovetense se explicaba así aquella mañana de domingo: «Me han sancionado sin haber quebrantado artículo alguno del reglamento. Y no entiendo por qué sufro yo una penalización si he obedecido en todo momento las órdenes de la escudería y ellos lo han reconocido. Ron se ha portado bien en este aspecto. El que tiene problemas es Lewis, esta mañana nadie le habla en el equipo». Eso sí, la víspera, nada más bajarse del coche, había recordado el mal ambiente en el equipo:

—¿A qué se deben las caras largas en McLaren?
—A que la pole la logré yo.
—Eso es muy duro...
—Más duro es lo que yo estoy pasando en la escudería.

La historia dice que aquella pole se la borraron. Salió sexto y no hizo su mejor carrera. En la primera vuelta estaba octavo después de una colada en la parabólica de entrada a meta y remontó hasta la quinta. El Mundial estaba un poco más difícil para él por esa sanción imaginaria. Con los días, el cabreo escenificado por McLaren se apagó. A Lewis no le pasó nada. Fernando no aguantaba ni un minuto más en McLaren. Se habría ido el lunes después de Hungaroring a su casa de no tener que cumplir con su contrato.

La guerra se trasladó a Turquía. Allí Ron dejó el jueves previo a la carrera a sus pilotos en el hotel y les dio la orden de que no hablaran públicamente el uno del otro. Pronto la incumplieron, claro, aquella era una nave a la deriva. Lewis y Fernando no se hablaban, y Anthony y José Luis (sus padres), tampoco. De fondo, el Consejo Mundial que le preparaba la FIA a McLaren por el estrambótico caso de espionaje. El MP4/22 iba cada vez peor, Fernando había dejado de trabajar en los reglajes. Los improvisaba el sábado para que no le copiaran. El asturiano acabó tercero y Lewis quinto.

El jueves previo a la carrera de Spa el Consejo Mundial decidió quitarle todos los puntos a McLaren del Mundial de constructores por espiar a un rival y le impuso una multa nunca vista de 72 millones de euros. Sin embargo, nunca se probó que hubiera nada del Ferrari de aquel año en el coche de plata. Ni se siguió la verdadera línea de investigación. El jefe de mecánicos Stepney sustrajo 780 folios de los secretos del F2007 en venganza porque no le habían ascendido dentro de la escudería al puesto de director deportivo. En ese lugar pusieron a Luca Baldiserri. Llamó a Coughlan y se dispusieron a venderlo a un tercero. Pero el británico mandó a su mujer a que escaneara parte de esa documentación a una tienda de fotocopias de Woking. Y dio la casualidad de que el dueño era ferrarista y avisó a la escudería italiana. Sí, suena a chiste, pero fue cierto.

La idea que tenían estos dos rufianes era hacerse ricos con esa información. Y la prueba que demuestra que Mosley nunca buscó la verdad es que no se siguió el verdadero hilo de un tremendo espionaje industrial, la reunión que Stepney y Coughlan llegaron a concertar con Nick Fry, de Honda. Mucha gente en el *paddock* piensa que el equipo japonés, al que aterrizaba en 2008 Ross Brawn (amigo de Stepney), era el verdadero receptor de los planos. Eso ni lo miraron.

La tarde de aquel 13 de septiembre fue muy larga. A la vista del caso en la sede de la FIA en París acudieron Lewis Hamilton y Pedro de la Rosa. Pero fue el probador quien tuvo que defender a su escudería por su presencia en los correos electrónicos con Fernando. El asturiano ya había dejado por escrito su declaración y siguió todo el proceso desde su hotel en Spa. La relación entre los dos españoles se enfrió en ese final de 2007 por esos correos que entregó el ovetense a petición de la FIA. En ellos salían algunos comentarios de Pedro contra Hamilton que no le vinieron nada bien.

Los días previos a la vista, McLaren le ofreció a Fernando y a Lewis lo que ellos quisieran a cambio de su defensa a ultranza del equipo en París. En el caso del piloto español le llegaron a decir que le liberaban de su contrato sin cláusula alguna y sin pagar un duro a final de año. Se negó a aceptarlo. Imagínense lo que debieron ponerle encima de la mesa al piloto inglés.

En el caso del reserva, De la Rosa, compareció bajo la amenaza de la FIA de perder la superlicencia. Y le hizo un favor tan grande a su escudería que deberían haberle dado el puesto de titular en 2008. Se lo prometieron a final de año y, como casi siempre, faltaron a su palabra. Al final ficharon a Kovalainen.

El caso de los espías y los *e-mails* terminó por erosionar del todo la relación entre Alonso y la jefatura de McLaren. El trato humano no existía. Ni la confianza. Era imposible ya que ganara el título. Incluso así, estuvo a punto de lograrlo por los errores que atenazaron en los metros finales del año a Hamilton.

Cuando se fue de McLaren las dos partes firmaron una cláusula de confidencialidad. Las cosas con Hamilton más o menos se han normalizado con el paso de los años. Pero lo que el asturiano tiene clavado y nunca olvidará es el comportamiento que tuvieron con él Ron Dennis y Norbert Haug.

Capítulo 10

Montoya, el Curro Romero de la F-1

Juan Pablo Montoya fue una estrella fugaz en la Fórmula 1. Solo estuvo cinco años, de 2001 a 2006. Era irregular sí, pero el mejor adelantador de la era reciente del Gran Circo. Como el gran Curro en La Maestranza. Quiso y quiere a España, vivió su noviazgo y sus primeros años de casado con Connie (mientras su chica terminaba la carrera de derecho) en un chalet de La Moraleja en Madrid y dejó la cima del automovilismo mundial hastiado del ambiente, la presión y el doble lenguaje que soportó en McLaren. Emigró a la cumbre de las carreras de turismos USA, la NASCAR, donde compite desde finales de 2006.

En las flechas de plata la estrella de Bogotá tuvo un exmarine británico que le persiguió con una báscula para que se vigilara a diario. La báscula salió volando de su habitación en los circuitos y Juancho se fue de la pista a cenar una hamburguesa. Y estuvo bajo las órdenes de un jefe al que nunca entendió: «Ron Dennis tenía una doble personalidad. Cuando jugabas al golf con él era todo amabilidad y te decía una cosa. Pero cuando llegaba al circuito era justo lo contrario». El piloto colombiano se sintió siempre el segundo piloto de las 'flechas de plata' pese a las repetidas promesas de igualdad del dueño del equipo. ¿A que les suena?

Recuerdo la primera vez que pude estar cara a cara con *One*, como le llamaban en Estados Unidos. Fue en el pequeño óvalo de Nazareth en Pensilvania, en 1999. Peligrosísimo, por cierto.

En un pueblo cercano tuve mi primer contacto con sus célebres hoteles de carretera, los cables de alta tensión cruzando las calles, la bolera, la grasa en las sopas, la carne y los postres americanos... Y, por supuesto, la maravillosa manera de entender las carreras que tienen. El *paddock*, abierto a los espectadores, las autocaravanas donde duermen los pilotos, las firmas de autógrafos obligatorias... Todo abierto a la gente menos el sagrado *pit lane*. En la grada aprecias la sensación de ver cómo viene un pelotón de monoplazas de frente hacia los espectadores a más de 360 km/h y gira en el último momento, mientras escuchas la radio de tu piloto favorito. Son los maestros del *show business*. Algo muy difícil de apreciar por televisión. Fui allí a seguir a Oriol Serviá, que lideraba la Fórmula Indy-Lights, la antesala de la Champ Car. Campeonato telonero que terminó ganando aquel año.

Montoya tenía ya un contrato firmado con Williams por haber ganado la Fórmula 3.000 en 1998, pero Frank necesitaba patrocinadores y llegó a un acuerdo con Chip Ganassi para que Alex Zanardi, campeón en Estados Unidos los dos años anteriores, diera el salto a la escudería de Grove. A cambio, Ganassi foguearía a la joven estrella suramericana. Juan dio aquel 1999 todo un recital hasta convertirse en campeón. Y cuando me crucé con él, venía de ganar la anterior carrera y había marcado la pole en Nazareth. Ya entonces, con solo veintitrés años, se le veían maneras de estrella. En ningún momento se quitó las gafas de sol mientras contestaba a los periodistas en un corrillo. Había un jefe de prensa, pero no tenía un cronómetro en la mano como en la F-1, y, cuando se acabaron las preguntas de los compañeros, le hice la última: «¿Juan, piensas en dar el salto el año que viene a la Fórmula 1?». Montoya me miró, respiró hondo y fue tan conciso y casi cortante como suele en sus declaraciones públicas. Hablaba sin abrir mucho la boca, apretando ligeramente los dientes: «Pues aún no pienso en eso, solo pienso en ir carrera a carrera aquí en Estados Unidos y en hacer bien mi trabajo. Volver a Europa es una posibilidad, pero tengo ahora otros objetivos...». Tenía razón. Allí era feliz. De hecho, después del fracaso de Zanardi en Williams, Frank le ofreció debutar en la F-1 para la temporada 2000 y Juancho prefirió seguir otro año en Estados Unidos. Ganó de manera imperial las 500 Millas de Indianápolis.

Años después, gracias a las tardes junto a Marc Gené en Williams y a mi amistad con sus periodistas de cabecera, los colombianos Juan y Diego Mejía, la relación fue bastante más fluida y cercana. Desde el primer momento Juan no tuvo complejos frente a nadie. Su primer fogonazo de calidad lo dio en el GP de Brasil de 2001. En la ese de Senna le metió una pasada de órdago al mismísimo Michael Schumacher que levantó al público de sus asientos. Eso sí, abandonó la carrera por accidente cuando iba lanzado a por la victoria. Y de la manera más extraña, otra de las marcas de la casa, después de doblar a Verstappen. Le pasó muy ajustadamente y el holandés voló por encima del Williams BMW de Juancho. Su primera victoria aún tendría que esperar hasta el GP de Italia en Monza. Ganó desde la pole y se desató la locura en Colombia.

Fue después de aquella temporada de su debut, que se saldó con su primera victoria en Fórmula 1 en el GP de Italia, cuando le surgió la posibilidad de la doble nacionalidad. Juan tenía que sacarse visado para la mayoría de países de Europa por su pasaporte colombiano, y desde la Federación Española le ofrecieron la opción de que, como residente en Madrid que era, corriera con licencia de nuestro país. Fue una idea para que la estrella de Bogotá tuviera la vida más cómoda, que no fructificó. En el podio la bandera que se izaría habría sido la española (el país de la licencia), algo inconcebible para el suramericano. En 2002 fue el primer piloto de los mortales al margen de los dos Ferrari. Todo estaba listo para el mejor año de su carrera en Fórmula 1.

La tarde del uno de junio de 2003 la música no cesaba de sonar en el yate *Monty*, amarrado en el interior de la curva Tabac. En la fiesta estaban Pablo Montoya (el padre de la criatura), Connie Freydell y Juan Pablo Montoya, feliz después de cumplir uno de sus sueños, vencer en Mónaco. Era la cuarta vez que competía en el Principado, donde siempre fue muy competitivo. Ahí queda su superagresiva carrera de Fórmula 3000 en 1998, en la que marcó la vuelta rápida, fue sancionado por cortar la chicane, se tocó en varias ocasiones y finalizó sexto después de hacer las últimas vueltas ¡sin alerón delantero! Con sus claroscuros, es uno de los pilotos más valientes de las últimas décadas. Reconocido incluso por los rivales. Alonso me lo decía de regreso de Sao Paulo, con los dolores aún de su accidente con la rueda de Webber y la alegría de su segundo podio en Fórmula 1: «Vaya narices le echaba Montoya, iba detrás de él y pasaba por la riada del *aquaplaning* a toda pastilla, como si nada…».

De su barco en el puerto de Mónaco, Juan se fue con su equipo al famoso bar Jimmy'z y terminó la fiesta de su triunfo en su apartamento, con vistas a la curva Portier. Después llegó la victoria en Hockenheim y del verano salió lanzado a por el Mundial. Sin embargo, Ferrari logró que la FIA (Federación Internacional) obligara a Michelin a modificar la anchura de sus neumáticos antes de Monza. Juan perdió en Italia con Schumacher y se mostró más conservador de lo habitual. Fue el primer paso hacia su derrota en el

Mundial. El golpe definitivo se lo asestaron Barrichello, el compañero de Schumi, y los comisarios en Indianápolis. El colombiano salió mal y se encontró con Rubens, que empezó a frenarle, a cambiar de dirección y cuando negociaban la curva dos, le cerró y se tocaron. Fue un incidente de carrera o como mucho, el que debería haber padecido un paso extra por boxes debería haber sido el brasileño. La sanción de *drive trough* fue para Montoya, que solo pudo terminar sexto ante los miles de colombianos presentes en las gradas. Ganó Schumacher y el campeonato se quedó en un pulso a dos entre el germano y Räikkönen.

Dos semanas después hablé con Juan Pablo el jueves antes de la última carrera en Japón y aún seguía enfadado con la decisión de los comisarios: «Barrichello me buscaba y me cerró, la culpa fue suya. La sanción es totalmente injusta… Me revienta que no haya un criterio. Michael casi echa de la pista a Alonso en Silverstone y ni siquiera se investigó. Entonces iba a 300 km/h y sí que era una situación peligrosa. Yo tengo un incidente de carrera sin intencionalidad alguna y se me sanciona. ¿Qué ventaja sacaba yo de tocarme con Rubens, si me estaba jugando el Mundial con Michael?». Cabreado, lamentaba una y otra vez no llegar vivo en la lucha por el título a causa de una sanción arbitraria. Además, acusaba a Schumacher de haber adelantado con bandera amarilla en Indy: «Tenía que haber devuelto la posición, eso es lo que marca el reglamento».

La relación con su compañero Ralf siempre fue pésima. Al genio de Montoya se unía la absoluta prepotencia del hermanísimo, capaz de abroncar a su ingeniero de pista, entonces Sam Michael, después de salirse de la pista en Indianápolis. En el trato con la tropa el piloto de Bogotá era duro, pero aún hoy en día el ingeniero catalán Xevi Pujolar, que trabajó en su coche en 2003 y 2004, le recuerda como el piloto de mayor talento con el que ha trabajado: «Podía llegar a ser impertinente si algo en el coche no iba como él había pedido, pero a su lado aprendí muchísimo. Era muy rápido y tenía una sensibilidad increíble para el coche». Xevi piensa que, por ejemplo, es mejor que Mark Webber, con el que también compartió box.

En la primera carrera de 2004 en Australia Ralf casi deja a Williams sin sus dos coches en pista al tocarse con Montoya en la vuelta dos. El Schumacher malo siempre fue bastante poco deportivo. En la cola de embarque del vuelo de Melbourne a Singapur me encontré con el colombiano: «Juan, ¿has visto la foto de tu choque con Ralf? Sale en la prensa australiana». «Ah sí, a ver a ver. Será… Él dice que fui yo quien iba pasado y le embestí, cuando aquí se ve que está girando completamente el volante y cerrando la trazada cuando yo ya le había ganado la posición». Todas estas palabras vinieron acompañadas de los correspondientes improperios a su enemigo de box. La escena y sus gestos eran los propios de un carrerista de los buenos, entre la indignación y la sonrisa por llevar la razón: «Connie, compra el *Herald Sun*, que se lo voy a llevar a Ralf para que lo vea».

Horas antes, ambos pilotos habían discutido en el box. Juancho acabó el GP de Australia sorprendido por la maniobra de su compañero de Williams, que le descuadró el coche. El colombiano le adelantó, pero los errores de su equipo en boxes le hicieron acabar la carrera muy atrás: «Parece mentira que pase a cinco coches en carrera y sea él quien se comporte de forma tan poco deportiva. Button, por ejemplo, fue muy legal y me abrió la puerta. Trulli, no, te tapa todos los huecos y su coche frena muy bien. Y hay que ver cómo tracciona».

Una vez en el vuelo, me encontré con Flavio Mazzi, reputado fotógrafo del Mundial: «Si queréis la secuencia entera, la tengo». De acuerdo, Flavio, vamos a enseñársela. De turista a *First Class,* dos mundos. Entre bandejas de caviar y con *Matrix Revolution* en la pantalla forrada de nogal, *Juancho* repasó otros asuntos de aquel año que finalmente fue completamente de rojo: «¿Ferrari? Como gane también en Malaisia con calor estamos listos para el resto del año. Y a McLaren no le fue demasiado bien. Ron Dennis me dijo: Tranquilo, que el año que viene no se romperá tanto». Una parte de él ya pensaba en su futuro de plata.

Duro en la pista, pero siempre honesto. En esa carrera Alonso le adelantó al principio con dos ruedas sobre la hierba, pero a Juancho no le pareció mal. Me resumió en dos palabras cómo ve él las luchas en la pista: «Hombre, esto no es una cita de caballeros. No se dice 'pase usted, por favor'. Yo intenté cerrarle por un lado y luego él me fue llevando hacia el interior de la pista. Nada que ver con lo de Ralf». «Hasta luego, Juan, buen viaje». En ese momento llegaba el solomillo y Connie, su mujer, nos decía antes de despedirse: «Hay que ver cómo está España con la F-1. Antes en Madrid no nos reconocían y ahora con lo de Alonso no hay manera». A la simpática pareja le quedaban aún tres años antes de cerrar su domicilio madrileño.

Del 2004 hay tres imágenes más que merece la pena destacar. El primer encuentro público entre el colombiano y su futuro compañero, Kimi Räikkönen. Fue un evento con minimotos de cross de la marca de indumentaria Alpinestars en Magny-Cours. Después de terminar de soltar adrenalina, Juan y el finlandés se sentaron juntos a ver en un televisor los saltos de los acróbatas del Freestyle. Durante 45 minutos no intercambiaron palabra. Se dijeron «hola» y «adiós».

La segunda es una obra maestra absoluta. El adelantamiento a Michael Schumacher en la parada del autobús de Spa-Francorchamps. El colombiano atrapó al Kaiser, que ese día se proclamaría heptacampeón del mundo, en la bajada después de Les Combes. Como un perro de presa le siguió por las maravillosas enlazadas del segundo sector del trazado de las Ardenas, de bordillo a bordillo y con más de un contravolante, pasó a tope Blanchimont, con el motor BMW superando las 19.000 revoluciones y, en la frenada de la entonces renovada 'Parada del autobús', frenó más tarde que el alemán por fuera, aguantó el coche en mitad de la trazada y le pasó con la precisión de un cirujano. Es uno de los mejores adelantamientos de la historia. Y de los que ha sufrido Michael, el más espectacular con permiso del que le hizo Alonso por fuera en la 130R en Suzuka 2005.

Y la tercera fotografía de aquel Mundial 2004 fue la de su triunfo en Brasil por delante de Räikkönen. Tenía el cuello contracturado, pero una infiltración previa a la carrera le permitió volar en Interlagos y aguantar la presión de Räikkönen. Para él fue muy importante por lo que tenía de delimitar el territorio frente a su futuro compañero de equipo. Junto a Germán y Diego Mejía, los periodistas colombianos, celebramos con picanha y caipirinha esa victoria. McLaren esperaba.

La relación con el equipo inglés tardó poco en agriarse. Después de la segunda carrera de 2005, en Malaisia, Juan Pablo tuvo un accidente en Madrid mientras practicaba motocross. La excusa oficial fue una lesión de tenis, pero el caso es que sufrió una fisura en el hombro y la dolorosa afectación de los nervios de la zona. Lo que más le costó recuperar. Pedro de la Rosa le sustituyó en Bahrein, Alex Wurz en Imola y, pese a que se lo desaconsejaban los médicos, Juancho decidió volver antes de tiempo para el GP de España en Montmeló. Lo hizo con riesgo serio de perder la movilidad del brazo izquierdo. La primera consecuencia de su afán por competir y no perder el tren del Mundial y de McLaren fue una tremenda salida de pista en los libres del viernes. No movía bien el brazo. Pese a los dolores, el colombiano siguió compitiendo mermado hasta julio. Fue entonces cuando destapó el tarro de las esencias y logró la victoria en Silverstone gracias a una salida meteórica que le sirvió para pasar a Alonso en la primera curva.

Al final de la temporada, 'One' se adjudicó otras dos victorias, en Monza y Brasil, y completó la demostración sin premio del coche más veloz del año, el MP4/20. Diez triunfos le contemplaron, pero también mucha fragilidad y un frío comienzo de sus pilotos. Por eso se quedaron sin los dos títulos. Un inspiradísimo Alonso sobre los irrompibles Renault tuvo la culpa. En diciembre se produjo otro revés para Montoya. McLaren anunció el fichaje del asturiano para 2007 y él era el favorito para marcharse. En la inefable prensa británica, siempre tan dispuesta a ayudar, ya habían salido reportajes en los que criticaban el comportamiento de la familia de su piloto. Además, al margen de su fría relación con Ron y su convicción de que era el segundo piloto, tampoco le ayudaba en su continuidad el hecho de ser latino. Tener dos hispanos era impensable para el dueño de McLaren. Juan vio aquel anuncio con un año de antelación una absoluta falta de respeto hacia los titulares en ese momento de las 'flechas de plata'.

En lo profesional 2005 comenzó a alejarle de la F-1. Ahora, cuando se le pregunta de la dureza de las 37 carreras de la NASCAR, no duda en criticar aquellos días en la ultratecnológica y fría sede de su exequipo en Woking (Inglaterra): «Para mí mentalmente este calendario de EE UU es mucho menos exigente de lo que era el de Fórmula 1. Con McLaren, cuando no estaba en la pista estaba en el simulador en Inglaterra y creo que en mi última temporada hice más kilómetros simulados que los que recorrí pilotando el monoplaza. Era yo solo metido en un cuarto con dos ingenieros hablando del coche todo el día. Sentía que se perdía un poco el sentido de lo que yo quería hacer».

Pero fue un año grande en lo personal. Nació su primer hijo, Sebastian. Y a su bautizo en Bogotá acudió… ¡Sebastian Vettel! La amistad entre los dos pilotos es algo poco conocido y se fraguó en 2004. El hermano pequeño de Montoya, Federico, y Seb se convirtieron en inseparables en esa temporada en la que compartieron el box del equipo Mucke en la Fórmula BMW. Después la distancia los separó, pero el campeón alemán recibió una escueta y sincera felicitación desde América por su primer título.

De sus últimas carreras en 2006 poco se puede decir. El Montoya impulsivo, natural y con retranca de Williams se convirtió en un piloto taciturno. El McLaren de aquel año no corría y la gota que colmó el vaso fue la bronca que tuvo dentro de la escudería después de chocar con Räikkönen en la primera curva de Indianápolis. Nunca más volvió a correr en Fórmula 1. Ni a tener relación alguna con nadie de este mundillo. De la Rosa le sustituyó en las últimas ocho carreras del año.

Juan tuvo ofertas de Red Bull, de quien llego a decir a sus íntimos que allí no iba porque era un equipo pésimo. Y también de Williams. Briatore se llevó al australiano a la escudería energética, solo famosa entonces por sus fiestas, porque Frank le aseguró que el hijo pródigo de Colombia volvía a casa. Sin embargo, cuando se sentaron a hablar de dinero apenas le ofreció un millón de euros. Al otro lado del océano Chip Ganassi le puso sobre la mesa un contrato de seis millones de euros por temporada y durante cinco años. Sin contar los premios suculentos de la NASCAR, competición que arrasa en los audímetros y tiene en pista a las principales marcas estadounidenses. Cuando explicó su marcha, 'One' argumentó que se iba porque quería ganar. Es cierto, a corto plazo eso es algo que tenía ya muy difícil en la F-1. El caso es que, seis años después, aún no ha logrado lo que buscaba. Tiene en su haber dos victorias en la

Copa Sprint y le falta la guinda de un triunfo en circuito oval. Acumula varios segundos y llegó a ser uno de los aspirantes al título en 2009.

Esa falta de grandes resultados hace que tenga que responder siempre a la misma pregunta sobre si hizo bien al marcharse: «Sin duda. Haber fichado por Red Bull en 2007 no me habría asegurado ganar ahora. Antes les iba como a los perros en misa. Y al que no le guste en Colombia, que no mire. Personalmente estoy mejor aquí. Me fui de la F-1 porque me mamé (harté). Para que me entienda, es como tener una chica de ojos verdes y medidas perfectas que no sirviera para nada. Me cansé de la politiquería dentro de los equipos, la manipulación de todo. Y eso no es vida. Yo trabajé duro toda la vida para llegar allá y estar en la punta. Pienso que si llega el momento en el que uno no disfruta lo que hace es mejor dejarlo. Mi familia y yo llevamos una mejor calidad de vida aquí en los Estados Unidos y las carreras son mucho más divertidas».

En esa entrevista a corazón abierto con Diego Mejía terminó hablando del final del Mundial 2010: «Me dio por ver la última carrera de la F-1 (en realidad ve todas las que puede) y la verdad, es lo mismo de todos los años. Un coche que es un segundo más rápido que otro no puede pasarlo. Dicen que el problema son las pistas, pero sinceramente eso ha sido siempre la F-1». La víctima de la aerodinámica fue en aquel caso Fernando Alonso. En 2011 llegaron el alerón móvil y las Pirelli de chicle, y se multiplicaron los adelantamientos. No quiero ni pensar la que podría haber liado Montoya en la Fórmula 1 actual. Nadie se pensaba tan poco la salida de un rebufo como él. Ni siquiera Hamilton. Pero como el gran Curro Romero, aquellas tardes de gloria venían acompañadas de otras de almohadillas en el albero.

En 2013 aún disfruta con la mayor facilidad para adelantar de la NASCAR. Sentado en su segunda casa, el lujoso *motorhome* con el que acude a los circuitos, piensa en las tardes de karting que vivió con su padre Pablo y en su nueva ilusión. Los pinitos en las carreras de su hijo Sebastián, de ocho años de edad: «Por un lado, es algo magnífico, pero por otra es algo estresante. Yo me reía cuando mi mamá me decía que se ponía nerviosa al verme correr… y ahora la entiendo». Es normal que le guste competir. Su madre Connie le llevaba a las carreras en el carrito de bebé y con un año ya jugaba con su padre a la espalda del *motorhome* de McLaren.

El chavalín comenzó a correr en serio en el verano de 2012 y, aunque le cuesta porque compite contra chicos más mayores (en la categoría de hasta diez años), su padre está orgulloso de su evolución: «Siempre le ha gustado. Le regalamos un *baby kart* hace años. Para su cumpleaños el año pasado, le dimos un verdadero *gokart* y ha sido un cambio duro. Antes estaba corriendo a 30 km/h y ahora va a 100. Su progreso ha sido increíble. Y no estoy tratando de presionarlo. Me estoy asegurando de que sea un hobby para él, tal como fue para mí. Al principio era el último. Ahora ya ha logrado un segundo puesto». Dos niñas más pequeñas, Paulina y Manuela completan la familia Montoya. Connie dirige la fundación de ayuda a los niños pobres de Colombia, la Fórmula Sonrisas. Y Juan, a sus 38 años, algo más de peso y con alguna cana asomando ya en su pelo moreno, ejerce siempre que no compite de padrazo. La saga continúa…

Capítulo 11

Las dos caras de Hamilton

Desde el sofá de casa, con la cerveza bien fresquita y las patatas del aperitivo en la mesa, no hay ningún motivo para meterse con Lewis Hamilton. Es un auténtico espectáculo. En lo bueno y en lo malo. Adelanta sin contemplaciones, por dentro o por fuera, sin importarle si es su compañero de equipo o no. El inglés no hace prisioneros. Y ahí está su palmarés. Al margen del título mundial que conquistó en 2008, ha subido al podio en casi la mitad de las carreras que ha disputado.

Pero por desgracia para él, también comete errores increíbles. Buenos para la audiencia de las carreras. Además de apretar el botón equivocado el día que se jugaba el título en 2007, le hemos visto llevarse por delante a Räikkönen con el semáforo rojo en la línea de boxes en Montreal en 2008, adelantar a un coche de seguridad en Valencia 2010, chocar una y mil veces con Massa durante 2011, tener enganchones absurdos con Maldonado en 2011 y 2012, saltarse la zona de trabajo, dar bandazos fuera del reglamento... Es un piloto de otro tiempo, capaz de hacer lo que sea por ganar. Su bravura y su carácter indómito le hacen tener seguidores en todo el mundo. Y, si las ruedas aguantan su pilotaje, siempre le pone un plus al coche que lleva entre manos. Con él a bordo, Mercedes ha dado un salto de calidad.

Por esa vida al límite de las normas, Lewis cae peor a sus compañeros de parrilla y a quienes han trabajado con él que al simple espectador de la Fórmula 1. El Hamilton actual, con tatuajes, jet privado, perrito Roscoe de rico, novia cantante... Camina lento como un rapero, escucha a Jay Z... Está liberado de McLaren. Te podrá gustar o no, pero al menos te lo crees. Al de 2007 no.

McLaren vendió la imagen de que era un sencillo chico de Stevenage que había llegado a lo más alto solo gracias a su talento. Y como la mayoría de las mentiras, en parte fue así. Pero también es cierto que a este hijo de un conductor de autobuses le vino Dios a ver el día que conoció a Ron Dennis. Con diez años le dijo que quería correr en Fórmula 1 con McLaren. Ron sonrió a aquel chavalín y le dijo que sí, que le ficharía, pero que antes debía ganar el campeonato de karting en el que corría. Lewis lo logró y su carrera pasó entonces al amparo del multimillonario británico, que le permitió correr en los mejores equipos de todas las categorías. Llevaba un material de primera y un mono plata con el escudo de Mercedes mientras unas camionetas más allá, en los *paddocks* de los circuitos de karting, un polaco de nombre Robert Kubica se fajaba con muchos menos medios y le desafiaba en la pista. Clase siempre tuvo, pero, gracias a Ron, a su joven pupilo nunca le faltó de nada.

Recuerdo la primera vez que vi a Hamilton. Fue en el *paddock* de la GP2 en Hungaroring. Corría el año 2006. Solo, sin séquito (para los periodistas es una bendición esa etapa de los pilotos), veía pasar a los Fórmula 1. El inglés se fijaba en todos los monoplazas, pero especialmente en el paso de Räikkönen, el del Renault de Alonso y el Ferrari de Schumacher. A su lado pude ver cómo retenía en su mente los contravolantes de sus ídolos y disfrutaba con el espectáculo a pie de pista. Se le veía la sangre de carreras en las venas. Era todo un aficionado.

Me presenté y le pedí una entrevista. Tenía claro que aquel chaval que estaba arrasando en la antesala de la F-1 tenía madera de crack. Y no solo por sus exhibiciones en GP2. Lewis me dijo muy educadamente que en ese momento no podía, que tenía una reunión con los ingenieros, pero que fuera por la tarde después de los entrenamientos. Y regresé, pero entonces le vi apresurado y me dijo que no podía ser, que había tenido un problema mecánico y debía salir último en parrilla. Otro día entonces, Lewis…

Conseguí hablar con él en la presentación de McLaren en Valencia y su discurso era el de un debutante: «Yo estoy aquí para aprender. Fernando es un doble campeón del mundo y para mí es un honor correr en Fórmula 1 junto a él». Eso sí, se le veía brillo, un carisma especial. El inglés fue muy deprisa, antes de lo que se esperaba. Y a eso contribuyeron los neumáticos, muy parecidos por su dureza a los que llevó en el GP2. Pedro contaba en aquellos tiempos la transformación que sufrió el británico de rodar en invierno con los Michelin a ponerle al McLaren de 2006 los Bridgestone: «Con los primeros yo iba más rápido que él, pero cuando los comparamos y cambiamos a los nuevos comenzó a volar». Su construcción, mucho más rígida que la de los elásticos Michelin, le permitía explotar al máximo su pilotaje, tremendamente incisivo con el tren delantero. Por eso siempre ha castigado más los neumáticos que otros pilotos. Y llegó a tener un récord de reventones al límite. Tanto, que Bridgestone llegó a revisar los compuestos y los hizo aún más duros para que Lewis no volviera a reventar sus gomas.

El inglés empezó a enmarañar dentro del equipo desde la primera carrera. Le molestaba que Fernando tomara sus propias decisiones tácticas. Quería salir siempre con menos gasolina a calificar y la primera vez que sacó los pies del tiesto, fue nada más terminar el GP de España: «Como aquí han ayudado a Fernando, espero que en Mónaco me ayuden a mí».

Siempre se quejó de que el equipo no le trataba bien y se apoyó a la perfección en la prensa británica, que fue su brazo armado. En otro capítulo ya hemos contado la que lió en Mónaco, pero podemos hablar de cómo *lloró* en Spa acusando a Alonso de un comportamiento antideportivo, de la permanente y fatigosa exposición de su padre y su hermano ante las cámaras, o de la biografía que escribió antes incluso de ser campeón y en la que puso verde a Alonso: «Pensé que Fernando intentaría ser un ejemplo para mí (....). Nuestra relación empeoró y la que tenía con el equipo también. No se hizo amigo de nadie». Todo en él iba muy deprisa y con demasiada exposición mediática.

Más divertido aún era cuando le pillabas en una mentira. En una entrevista antes de la carrera de Barcelona afirmó que estaba en la F-1 «para hacer feliz a la gente». Hasta ahí bien, pero luego se pasó de frenada: «Me gusta estar con la gente, ir en el metro, y volar con Easy Jet». Puede que le gustara la vida del común de los mortales, pero a las carreras iba como un multimillonario, disfrutando del jet privado de Mansour Ojeh, amigo íntimo de Ron Dennis y uno de los principales accionistas de McLaren. Parece que le debió gustar porque este año se ha comprado uno igual, ahora precisamente que ningún rico quiere viajar así por lo costoso que es su mantenimiento.

Fue Lewis también el que, en una rueda de prensa solo con los medios británicos, pidió en Fuji públicamente que Alonso dejara el equipo: «Yo seguiré aquí todo lo que quiera McLaren, lo más normal es que Fernando se vaya a Ferrari. Yo era un novato y él un doble campeón del mundo que venía al equipo, pero creo que yo me he ganado más el respeto de todos. Con lo que ha ocurrido en las últimas semanas (en referencia al juicio por espionaje) ellos saben quién está con el equipo y quién en contra. Siento que mi relación con la escudería es incluso más fuerte».

Curiosamente, Fernando no se tomó tan mal esas palabras, porque consideraba que el británico decía justo lo que le pedía Ron Dennis y lo que necesitaba para asegurarse de que McLaren le hiciera campeón. Y en Shanghái vi cómo se saludó con su rival el jueves antes de la carrera con relativa normalidad. Estuvieron un rato conversando. Era también una táctica de guerra. Durante aquella temporada Alonso aprendió que Lewis es más peligroso cuando se siente más atacado, y bajaba de rendimiento cuando se creía que lo tenía todo ganado. El piloto inglés forjó esa dureza en su infancia. En el colegio recibía insultos racistas y su padre decidió que aprendiera judo para que pudiera defenderse. No era un chico precisamente popular. La prensa que acudió a su pueblo en aquella temporada en la que se iba a coronar campeón descubrió la falta de ambiente que había en Stevenage, en el condado de Hertford. Sus fans se congregaban en un pub y poco más… Allí celebraron su corona de 2008.

Es curioso el papel que jugó la prensa británica en todo aquel año 2007, con declaraciones de guerra y filtraciones sangrantes del equipo. Una que le dolió especialmente a Alonso fue el tema de los premios por victoria. Desde que empezó a tener buenos resultados en Fórmula 1, el asturiano siempre repartió el dinero que le daban por una victoria (la cantidad varía, pero cada Gran Premio suele otorgarles unos 45.000 euros al vencedor) entre sus mecánicos e ingenieros de su coche. Es su manera de agradecerles el trabajo con un bonus cada vez que sube al podio. Un medio británico publicó que aquella era una forma de comprarles y de romper la igualdad de trato en el equipo. Alucinante. Fue Ron quien lo filtró. Le prohibió a Fernando repartir ese dinero. En la carrera de Japón 2007, a los medios ingleses les prepararon dos ruedas de prensa en las que el entonces debutante atizó con fuerza a su compañero y su actitud en la escudería.

Meses después, en el carnaval de 2008, Lewis fue objeto de execrables insultos racistas por parte de cuatro impresentables en la grada de Montmeló. Estábamos en pretemporada. Las imágenes, que incluían también a unos desafortunadísimos espectadores que se disfrazaron de negros con un cartel que ponía *Los Hamilton*, inundaron los telediarios, y hasta el ministro británico de Deportes, Gerry Sutcliffe, protestó ante el Gobierno español por esos insultos racistas.

La Federación Española y el Circuit de Catalunya lo condenaron con fuerza, pero los medios ingleses, con la BBC y *The Sun* a la cabeza, iniciaron una campaña denunciando el racismo reinante en el deporte español. Hablaban del trato a los deportistas ingleses en un amistoso y recordaban las palabras que le dirigió en 2004 Luis Aragonés a Thierry Henry. En ese ambiente tan hostil me llamaron para entrar en la BBC radio a dar mi punto de vista, en inglés. La conversación terminó a voces claro.

Mi versión fue clara, se han sacado las cosas de quicio, fueron cuatro tarados en una actitud absolutamente reprobable y el GP de España no corre peligro. El periodista que me interrumpió de manera inquisitiva me dijo en su inglés de Inglaterra (a toda pastilla y por teléfono) que cómo podía decir eso, que en mi país no se estaba controlando el racismo en el deporte. Y que la FIA estaba planteándose que el gran premio no se celebrara. Yo seguí en lo mío y le insistí que la mayoría de la afición española es respetuosa y deportiva, y que un incidente aislado no tiene nada que ver con la carrera española. Al final la chica que presentaba el programa me despidió con amabilidad. Yo colgué de verdad preocupado, por las patadas que le pude haber dado al idioma de Shakespeare y lo mal que estaba la situación. No sé, tan mal no me debí explicar porque me volvieron a llamar un par de veces más. Y sí que hubo carrera en Barcelona unos meses después. La FIA mostró su enfado, pero saldó aquello con un «estamos vigilantes» y una campaña contra la xenofobia para el GP de España.

Acudí a la firma de autógrafos que Lewis hizo después de los siguientes test en Jerez y le vi, escoltado por dos guardaespaldas, seriamente preocupado. Estaba nervioso, temeroso de la irrupción de algún energúmeno. No pasó nada, como es lógico, pero Hamilton era consciente que su imagen no era buena en nuestro país después de la pelea dentro y fuera de las pistas que tuvo con Alonso el año anterior: «Solo intenté dar lo mejor de mí y ganar el Mundial. En ningún momento traté de perjudicar a Fernando. Pero la lucha fue muy estrecha y mi imagen en España está seriamente dañada».

Y llegaron al fin las carreras del Mundial 2008. Lewis fue justo campeón. Eso sí, con bastantes altibajos, solo 98 puntos, y un discreto quinto puesto bajo la lluvia en Interlagos. Pero también de la manera más cinematográfica posible. Fue una magnífica película de suspense. El inglés llegó a la última vuelta sexto. Massa lideraba la carrera y cada vez llovía más fuerte. El muro de Toyota había decidido dejar en pista a Glock con neumáticos de seco. Timo, que nunca fue James Hunt, no paraba de gritar por la radio: «¡Esto es inconducible! ¡No sé si podré terminar la carrera!». En ese momento el alemán estaba cuarto. Vettel volaba en agua con el Toro Rosso y ya había adelantado sin contemplaciones a Hamilton. Lewis se puso a seguirle, sabía que los Toyota llevaban ruedas de seco en mojado. Pero ni en su box ni el de Ferrari estaban seguros de que fueran a llegar a su altura. En estas, Massa afrontó la última subida y ganó la carrera. Alonso, impecable en aquel final de año en el que ganó dos pruebas, entró segundo con su Renault.

Pero aún faltaba una curva... Allí Glock había entregado definitivamente la cuchara. Se apartó de la trazada por completo, parecía un doblado, y Vettel y Lewis le pasaron como dos aviones. El Toyota iba tan lento que no parecía un rival. La familia de Massa creyó que no había superado a Timo, se abrazó como si hubieran ganado y equivocó a las teles y radios de medio mundo. En McLaren sí sabían que Lewis había entrado quinto mientras su novia, la cantante Nicole Scherzinger, saltaba junto al médico del equipo. Campeón en la última curva, de la última vuelta, en la última carrera del año. Timo le felicitó nada más bajarse del coche y Lewis se fue corriendo a ver a su gente. Pasó por debajo del podio más triste y uno de los más recordados de los últimos años. Felipe lloraba, Alonso al lado le consolaba y Kimi ponía cara de Räikkönen. Para la intrahistoria de aquella carrera queda la petición que Dennis le hizo al entorno de Fernando para que este no se inmiscuyera en la lucha por el título. Como era de esperar, no le hizo ni caso. Corrió todo lo que pudo hasta ese segundo puesto.

Para la temporada siguiente McLaren, como Ferrari y Renault, se quedó en fuera de juego por el doble difusor que le autorizaron a los Brawn. Fue un año extraño en el que el público de Silverstone se levantaba de sus asientos al ver entrar en paralelo en la recta de meta a Lewis y Fernando, la extraña pareja, luchando, pero por entrar en los puntos.

Aquel mundial en el que el británico ganó dos carreras en la segunda parte del año, cuando ya tenía su propia versión del doble difusor, fue también la del principio del distanciamiento con su padre. Dejó de ser su mánager a finales de 2010. El último año en el que llegó lejos en la lucha por el título. Y, durante muchos meses, dejaron de hablarse. En este 2013, Lewis tiene un mal recuerdo de su primera etapa en la F-1 y la sensación de falta de libertad: «En mi vida personal tenía a alguien diciéndome cosas que me afectaban realmente. Eso te quita energía y el deseo de querer hacer cosas. No eres capaz de centrarte en el trabajo. Llegué a un punto en el que no tenía energía ni motivación. Algo parecido a una depresión. Fue hace tres años y me afectó. Ahora no lo tengo. Hay paralelismos entre dejar a Ron Dennis y el cambio de la relación con mi padre. Ambos son poderosos, gente ambiciosa. Anthony es como *El Padrino* de la familia y todo el mundo se acerca a él con sus problemas. Y Ron es igual en McLaren».

Tanto se desdice de la persona que fue en sus inicios que incluso habla de que ahora tanto él como Alonso sí que podrían ser buenos compañeros, que fueron inmaduros y que el asturiano es el piloto al que más admira. Fernando y Lewis no son, ni mucho menos, amigos. Pero los dos han encontrado un punto en común en su oposición a la supremacía de Vettel. Ambos piensan que son mejores pilotos que un Sebastian que lleva cuatro temporadas subido al mejor coche de la parrilla.

Esa crisis personal de la que habla el piloto inglés incluyó también más salidas nocturnas de las que solía. En una de ellas, después de su victoria en China 2011, perdió a su amigo de la parrilla, Adrian Sutil. Los dos disfrutaban en el conocido club Mint de Shanghái de la fiesta después de la carrera. Estaban en el abarrotado reservado junto a otros pilotos y a Eric Lux, uno de los jefes de Lotus Renault. El champán corría a borbotones y todos estaban contentillos. En un momento determinado de la noche, Lux se enzarzó con Hamilton, hubo insultos, y Adrian salió en defensa de su amigo. En el rifirrafe, Sutil le causó un corte en el cuello con una copa de champán a Lux. No fue ninguna broma, le pusieron veinticuatro puntos de sutura. Después de no pocas conversaciones y unas disculpas públicas del piloto alemán, que el dirigente de Genii Capital no aceptó, a Sutil le cayó una demanda por agresión.

Lewis le dijo inmediatamente a su amigo que no se preocupara, que él testificaría a su favor en el juicio. Era su principal apoyo porque fue un directo implicado en el caso. Pero llegó el día de la vista y el Hamilton bipolar no apareció. Declinó ser testigo por consejo de McLaren. El piloto de Force India fue condenado a dieciocho meses de prisión en suspenso por no tener antecedentes y a pagar a Eric Lux 150.000 euros. Y lo que fue todavía peor para él, a dejar un año las carreras por esa condena. A la salida del juicio, Sutil, hijo de un director de orquesta uruguayo, estalló contra el inglés. Eran de verdad amigos y hasta se iban de vacaciones juntos: «Lewis es un cobarde. No se ha comportado como un hombre. No quiero tener de amigo a alguien así. Su padre me mandó un mensaje antes del juicio, pero de él no he sabido nada. Ha cambiado su número de teléfono y no he podido localizarle». El piloto entonces de McLaren no acudió por temor a una posible imputación que le hubiera impedido, como a su amigo, seguir compitiendo. Pero una vez más, había hablado más de la cuenta al prometerle a Sutil algo que luego no pudo cumplir.

El 2011 fue *horribilis* para Hamilton, que tuvo también una seria crisis en su relación con Nicole (llegaron a romper unos meses), y eso pudo afectarle en su flojo rendimiento en la pista. Acumuló demasiados accidentes y Button se convirtió en el líder de la escudería. Nunca antes había estado claramente por detrás de un compañero de equipo. Incluso en el trato. A final de año, en las dos carreras que Button tuvo posibilidades de ser campeón y él no, sufrió algo que habían padecido antes Alonso, Kovalainen y también el rubio inglés: los inesperados fallos tácticos. En Suzuka no pudo hacer su segundo intento en Q3 porque le hicieron salir demasiado tarde desde boxes.

Malas caras, dudas por radio («¿De verdad habéis revisado las presiones») y quejas a puerta cerrada hicieron que las cosas volvieran a la normalidad en Corea. Allí tiró de talento para marcar la única pole que no consiguió Red Bull ese año, pero de nuevo estuvo desconocido por falta de agresividad en la primera vuelta frente a Vettel. Después se enmendó con Webber, pero no pudo lograr la victoria y alegó «problemas personales» para el cúmulo de errores que le dejaron quinto en el campeonato. Jenson fue subcampeón. Aquel año batió todo un récord de toques y banderas no vistas, recibió una sanción cada tres grandes premios. Y hasta el siempre correcto Whitmarsh llegó a insinuar que el campeón de 2008 debía reordenar su vida.

Y así lo hizo para 2012. Lewis reinició la computadora, se reconcilió con la cantante de las Pussycat Dolls, afinó su preparación física y volvió a mostrarse en la pista con la fuerza de siempre. Sin embargo, su continuidad en McLaren estaba ya herida de muerte. Se pasó todo el año renuente a renovar. En el fondo quería cambiar de aires, pero tampoco se atrevía del todo a hacerlo.

El británico tenía, además, una poderosa arma entre las manos, su smartphone. El twitter lo tenía bastante olvidado. Pero decidió ser mucho más activo el año pasado en un pique sano por ver si lograba tener más seguidores que Alonso. En esa red social nos dejó alguno de los momentos más hilarantes del año. El mejor fue el que hizo en Spa. Primero puso que la diferencia entre Jenson y él en calificación se debía a la distinta carga en el alerón trasero, que le hacía ir mucho más despacio en las rectas. Hasta ahí, bueno… Pero después se calentó y colgó en la red social una foto de su telemetría comparada con la de Jenson. Y anotaciones a boli en las que señalaba que perdía 1,1 segundos en las dos rectas por su pobre velocidad punta. Y que había sido un error en los reglajes del equipo. Fue una locura. La inclusión de la gráfica vulneró la cláusula de confidencialidad a la que se deben los pilotos y Martin Whitmarsh, el jefe del equipo, le obligó a retirarla. Pero el daño ya estaba hecho.

Las negociaciones con McLaren se enquistaron porque Lewis no veía mejorado su sueldo y también por el fuerte cortejo que el inglés estaba recibiendo de Mercedes. En Singapur, carrera que habría ganado de no sufrir una avería, lo mandó todo definitivamente a hacer puñetas. Aquella misma noche en el hotel Conrad, Niki Lauda le terminó de convencer para cambiar de aires. Y el chico que apadrinó Ron Dennis dejaba su casa desde los trece años y se iba a la acera de enfrente. Por el mismo dinero, pero con nuevas ilusiones.

Después de que se anunciara públicamente volvió a armar una buena al enfadarse con Jenson porque no le seguía en el twitter: «Me he enterado de que ha dejado de ser uno de mis seguidores. Creía que nos teníamos un respeto mutuo pero ya veo que no es así». Tuvo que corregirlo al enterarse de que nunca le había seguido: «Disculpas. Me he enterado de que esto no ha cambiado. No me seguía tampoco antes. No seáis duros con él». Jenson, que no soportó lo de la telemetría, se tomó a chanza este segundo arreón cibernético. Su relación fue realmente mala en el último año y medio. Para el novio de Jessica Mishibata fue un alivio que Hamilton se fuera.

Esa decisión de cambiar de aires tomada antes de la carrera de Japón fue, paradójicamente, clave en el triunfo en el Mundial de Vettel. Desde Suzuka hasta Abu Dabhi (cuatro carreras) Hamilton sufrió un rosario de extraños problemas mecánicos que sirvieron para apartarle definitivamente de la lucha por el título. Piensen mal y acertarán. A McLaren le sentó muy mal la marcha de su estrella. El entonces aún bicampeón Vettel perdió por esa guerra interna al hombre que, por coche, más posibilidades tenía de lograr la victoria. El F2012 de Alonso no estaba para ganar. En Austin todo funcionó en el MP4/26 y Hamilton volvió a lograr la victoria en las barbas de *Seb*. Fue su particular canto del cisne.

La verdad es que da gusto ver el aire de felicidad que desprende en 2013 uno de los grandes de la parrilla. En la actualidad ya no tiene que preocuparse tanto de su aspecto, de lo que dice y como lo dice. De esa obsesión que siempre le inculcó Ron Dennis de quedar bien diciendo lo que tu interlocutor quiere escuchar. Aunque no lo pienses.

Con Rosberg se ha encontrado a un duro hueso de roer y, por supuesto, ya nos ha dejado una perla en Twitter. El día que estaba en Barcelona realizando los test secretos e ilegales con Pirelli para Mercedes se le ocurrió colgar una foto en su red social de cabecera en la que se le veía llegando a Disneyworld en Florida. Las carcajadas aún se oyen en Maranello. Seguro que, mientras lo estaba haciendo, presumía con un amigo de la idea tan genial que había tenido para que nadie supiera que estaba rodando en Barcelona.

Talentoso, agresivo, gran adelantador, carismático, *poleman*, rapidísimo en mojado y en circuitos de curvas lentas. Pero también polémico, irregular, metido en incidentes, duro con los neumáticos, pendenciero fuera de la pista, *tuitero* salvaje y duro compañero de equipo. Si Lewis no existiera, habría que inventarlo. Es, para mí, un imprescindible absoluto de la Fórmula 1. Por muchos años.

Capítulo 12

El increíble Kubica

El 6 de febrero de 2011 llegué como cada domingo a las diez de la mañana a la radio para preparar mi programa *COPEGP*. Nada más sentarme en el ordenador, las agencias comenzaron a lanzar la noticia: grave accidente de Robert Kubica en el Rally Ronde di Andora. Ha sido trasladado de urgencia al hospital Corona de Pietra Ligure. Me quedé pálido. Con la carne de gallina. Solo cuatro días antes le había visto en los primeros test de pretemporada de aquel año en Cheste con su Renault. Se fue de allí con el mejor tiempo. Hablé un poco con él, nos saludamos, como siempre las palabras justas, la mirada limpia y la ilusión por volver a conducir por diversión su Skoda en un rally del campeonato italiano. Nunca pensé que esa sería la última vez que le vería en un circuito.

Marqué el teléfono de un amigo y me confirmó todos mis temores. Robert se moría, había perdido cuatro litros y medio de sangre y le habían dado la extremaunción. Tuve que morderme la lengua en los boletines y no contar que estaba gravísimo. Me ceñí a las versiones oficiales, por respeto y por una máxima que aprendí de becario en Radio Nacional de España: nunca hay que correr para adelantar desgracias. Vienen ellas solas.

Supe también que su amigo Fernando Alonso había salido desde Maranello a toda velocidad hacia el hospital acompañado del director deportivo de la escudería, Massimo Rivola. Y, ya casi a la hora del programa, las tres de la tarde, también me enteré de que, milagrosamente, estaba respondiendo bien al tratamiento de urgencia.

El Skoda que pilotaba se le fue en una curva a derechas y se estrelló de frente contra un guardarraíl. La valla penetró en el coche y fue como una terrible lanza sobre la parte derecha del cuerpo de Kubica, que sufrió múltiples fracturas en su brazo, pierna y mano derecha. Los bomberos tardaron cuarenta y cinco minutos en sacarle, inconsciente, del vehículo.

En el hospital siete cirujanos le efectuaron una operación de siete horas de duración en la que le salvaron la vida, el brazo y la mano. Lo que no pudieron solucionar fue la movilidad de sus dedos, básicos para un piloto de carreras. La pinza perfecta que necesitan para controlar el volante. Empezaba en ese momento la lucha (entre dolores) del bravo piloto polaco por volver a competir en monoplazas. Le han hecho cinco operaciones más, una de ellas para colocarle una prótesis de codo y ha cambiado de equipo médico para rehabilitarse. Su punto más bajo fue a finales de 2011, cuando rompió con su amigo el doctor Ricardo Ceccarelli después de no recuperarse todo lo rápido que pensaba, y perder el tren de Lotus Renault. Cambió de método de recuperación, más agresivo, y mantiene una disciplina de cinco horas diarias de trabajo físico.

Han pasado más de dos años ya y aún no lo ha conseguido. Pero no se rinde: «Si algún día vuelvo a correr en circuitos, solo será en Fórmula 1, mientras tanto, continuaré en los rallies». Dijo esto después de no aceptar la oferta que tenía sobre la mesa para ser piloto oficial de Mercedes en el alemán de turismos (DTM). Compite con Citroën en el Mundial, enrolado en la categoría WRC2. Y en su primera participación, logró ganar el Rally Acrópolis en su clase. Sobre tierra. Se habla ya de él como un mediático candidato al equipo oficial de WRC.

Su problema para correr en la F-1 es la falta de espacio. En el *cockpit* no tiene sitio para levantar el codo derecho en cada curva. Ese es el truco con el que compensa la escasa movilidad de la mano. Mientras tanto, ha realizado varias sesiones en el simulador de Mercedes para avanzar en su recuperación. Su batalla continúa.

Lo que le pasó en la prueba italiana fue, dentro de la enorme fortuna, una desgracia porque tenía todas las papeletas para ser el compañero de equipo de Alonso en 2012. El cortejo entre las partes era evidente ya en las últimas carreras de 2010. Él era el elegido en Maranello. Pero aquel accidente y sus secuelas terminarían por borrarle de la lista. La escudería italiana fue a por Webber en el último tramo del Mundial 2011. Y el australiano al principio quería, pero finalmente terminó por renovar con Red Bull ocho meses después.

Desde su debut en 2006 con BMW, Kubica siempre me recordó a Alfalfa, el protagonista delgaducho y con cara de niño travieso de la mítica serie *La pequeña pandilla*. Y Alonso fue su amigo y su apoyo en la parrilla, compañero de bromas y tardes de póker. Durante cuatro años se escaparon siempre que pudieron a echar carreras de karts. Con los monoplazas de Genís Marcó. Sin cámaras. Sin periodistas. *Pure racing*.

Su amistad nació en las tardes de carreras en Italia. En 1998. Fernando ya era una estrella consagrada cuando Robert, tres años más joven, intentaba ganar en cadetes a un tal Lewis Hamilton. Las furgonetas del español y el polaco siempre estaban juntas. Corrían con el mismo equipo, pero en categorías distintas. Ahí comenzó esa relación con un idioma común, el italiano, y con el particular humor del piloto de Cracovia, que admiraba las formas de Alonso dentro y fuera de la pista: «Cuando yo llegué, él era un ídolo para mí, sin embargo, pronto comenzamos a llevarnos bien...». Fernando le llama «polacoooo» y se le ilumina la cara cuando habla de su amigo.

En el GP de Canadá de 2007 Kubica vivió su primer milagro. Se golpeó de frente a más de 250 km/h contra un muro de hormigón del circuito de Montreal. Y salió casi ileso. Solo con una leve conmoción cerebral y una torcedura de tobillo. Como creyente y admirador suyo, llevaba una imagen de Juan Pablo II serigrafiada en el casco. A él le daba pudor hablar de eso («son mis creencias»), pero hasta el Vaticano lo investigó, por si hubo intervención divina, para el proceso de beatificación del Papa Wojtyla. El día después de aquella carrera en Canadá me vi con Alonso y me contó entre risas cómo estaba su amigo de BMW: «Le he llamado para ver cómo estaba, por si iba al hospital o algo, y me da dicho: 'Perdona que no pueda atenderte, llámame luego, que estoy conduciendo'. Ja, ja, ja, sí que está bien, sí...».

El jueves de esa semana los médicos de la FIA decidieron no dejarle competir en Indianápolis. Solo por precaución ante otro posible golpe en la cabeza, porque pasó sin problemas todos los test. Ante los micrófonos lo respetó, pero *off the record* estaba cabreadísimo: «No lo entiendo, no lo entiendo, a Lewis le hubieran dejado». Su ausencia posibilitó el tempranero debut del entonces probador Vettel en la Fórmula 1. En la segunda mitad de aquella temporada al polaco le molestaron los esfuerzos que hizo su escudería para que su compañero Heidfeld mejorara a una vuelta. Nick es del mismo pueblo que el entonces jefe del equipo, Mario Theissen. El germano se recuperó y terminó por superarle en el campeonato.

Llegó el Mundial 2008, el mejor de Robert. Alonso se fue a Renault y su *hospitality* sobre el césped del hermoso *paddock* de Melbourne estaba junto al de BMW. Como en los tiempos del kárting. Buen ambiente los días previos. El polaco en primera fila junto al *poleman* Hamilton. Le felicité el domingo por la mañana y le dije: «Hala, Robert, a ganar a Lewis, ya que Fernando no puede». Y me contestó: «Uf, no sé, no sé...» En la carrera le salió todo del revés y terminó abandonando por un toque con Nakajima. Su siguiente golpe de atención sobre la mesa fue su pole en Bahrein. Al bajarse del coche, ahí estaba Alonso para largarle un sentido abrazo. El polaco terminó la carrera tercero. Fue el aperitivo de su primera y única victoria en la F-1, en Montreal un año después de su accidente. En batalla directa con Heidfeld, que iba a una parada menos. Su ingeniero de pista, el español Toni Cuquerella, le pidió 23 segundos para asegurarse salir primero después de su última parada. Logró 28 y decantó su batalla por ser el primer piloto del equipo.

Días después de su triunfo, tuve la suerte de pasar una mañana con Robert en el circuito del Jarama. Fue en un evento de Intel, uno de los patrocinadores de la escudería. Se dedicó durante dos horas a dar vueltas en el Jarama a invitados del patrocinador y a clientes de BMW. Les dio una pequeña charla, firmó autógrafos y sonrió con amabilidad y timidez a todo el que quiso acercarse. Al volante de un M3 les mostró cómo tomar las eses de Le Mans completamente cruzado. «En competición vamos mucho más finos, por favor no intenten imitarlo en la calle».

La marca bávara patrocinaba su entonces nuevo modelo, el X6, y Robert me dio una vuelta al límite. Su pilotaje era tan agresivo, eficaz y poco ortodoxo como el de Alonso. Sin miedo a morder con fiereza los bordillos. En ruta hacia las eses de Le Mans, Robert me habló de lo que le parecía el Jarama: «Es un trazado muy bonito y técnico, aunque no se me da muy bien. Hace mucho que no corro aquí». Llegamos a la curva de la Hípica y empieza a atacar a fondo. Frena muy tarde, mucho más allá de la lógica y de lo que mandan los cánones y mete el coche en la curva de un volantazo seco. Bajamos hacia Bugatti, nota cómo me agarro con fuerza al asiento y se empieza a reír: «Tengo que correr, que no da tiempo a hacer la entrevista». Da la rápida a fondo y, sin contemplaciones, se lanza a por el siguiente arcén. En la entrada en meta casi toca la hierba. Sonríe como un niño: «¿Estás bien?». Y contesto: «Perfecto, Robert, perfecto». Eso sí, antes de bajar del coche, me resolvió una duda, sobre cómo debía pronunciar su nombre. ¿Kubica o Kubitsa? «Llámame como quieras. En polaco se dice itsa, pero utiliza Kubica si te es más fácil. Estoy acostumbrado y no me molesta».

Le hicimos una foto con aroma a carreras, en una tribuna del Jarama, y hablamos largo y tendido. Lo primero fue recordar la vez anterior que estuvo allí, en 2005, año en el que ganó las World Series. Me habló de su jefe de aquella temporada, Joan Villadelprat, y de lo que significó para él: «Fue una temporada muy buena para mí. Si ganas, siempre tienes buenos recuerdos (se ríe). Gané el campeonato, el equipo era muy completo. Es cierto que hubo altibajos, pero si echo la vista atrás disfruté trabajando con ellos y todo salió bien. Gracias a Epsilon he podido llegar a la Fórmula 1. Si no llego a ganar las World Series no habría probado para Renault en Barcelona y no me hubiera fichado BMW en 2006. Joan es una persona muy experimentada, preocupada por ganar y con la que fue positivo trabajar».

Y viajamos de allí a sus comienzos, a su difícil lucha contra los prejuicios de hacerse hueco en las carreras desde un país sin tradición. Con su pausado inglés con acento eslavo y la voz baja, le resta importancia: «Al final no fue tan difícil como parece. La principal diferencia que hay entre yo y los otros pilotos de Inglaterra,

Italia o España es que el deporte del motor no era muy popular en mi país. Yo era alguien extraño en los karts, en la Fórmula Renault o Fórmula 3. No fue fácil, pero al final eso me ayudó a trabajar más duro para alcanzar más objetivos. No descuidarme y llegar a la Fórmula 1. Estoy muy feliz. Lo más satisfactorio es ver que todos los esfuerzos han tenido su premio». Fueron sacrificios familiares para alcanzar algo que parecía una quimera: «Hasta que tuve trece o catorce años mis padres lo pagaron todo. Entonces, cuando las cosas se complicaban, pude fichar por CRG, uno de los fabricantes más importantes de karts, para correr con ellos como piloto oficial. Fue una gran ayuda. El karting es como una Fórmula 1 en pequeño. Los equipos quieren buenos pilotos. Si logras buenos resultados, salvas más motores y chasis. En esa competición si eres bueno no necesitas poner dinero e incluso te pagan. Es algo que no pasa en otras categorías. Los karts son una gran escuela para aprender de carreras y crecer como piloto».

En ese momento la conversación gira hacia como ganaba muchas veces a Hamilton en los karts con peor material. El tímido Robert me mira a los ojos, hace un silencio valorativo y despliega una media sonrisa. Me estaba diciendo sin palabras que sí, que aquel que dominaba en tiempos a una de las estrellas de la F-1 era él: «Sí, le gané bastantes veces. Alguna temporada tuve un material muy bueno y en otras las cosas eran peores. Pero eso es normal en automovilismo. Cuando competí en Italia en 1998 y 1999, esos fueron los mejores años de mi carrera y conseguí mis mejores resultados. Bromeo a veces con ello, me considero mejor piloto de karts que de fórmulas (*se ríe*). En los karts tú puedes hacer la diferencia aunque no tengas el mejor material. Pero en Fórmula 1 si no estás en uno de los mejores equipos o con uno de los mejores coches es muy difícil ganar el título».

Como no hay jefe de prensa que nos incordie, hablamos de los divertidos duelos sin cámaras con su amigo asturiano. Se queja de los karts que le pone Fernando, y piensa que es demasiado alto y desgarbado ya para esos pequeños coches. En aquellos tiempos jugaban también al póker, una costumbre que abandonaron en 2010, y confiesa que suele ganar siempre a las cartas. Nos ponemos serios para hablar de su pasión por los rallies. Admira a Carlos Sainz y piensa en la posibilidad de competir en las carreteras: «Sí, me encantaría. Soy bastante aficionado. Depende de la edad que tenga, pero sé que correr en rallies no será fácil para mí y lo haré solo para divertirme y relajarme porque no me veo con los mejores». Le interrumpo: «¿Después de ser campeón del mundo de F-1?». Y concluye ilusionado: «Tal vez. Ojalá, quién sabe».

Vista en la distancia, esta última frase me produce escalofríos. Tengo serias dudas de que el bravo Kubica pueda algún día cumplir ese deseo de ser campeón con el que terminó la entrevista. O de que le vuelva a ver en un gran premio.

En el plan de vida que el polaco se había trazado, cabían los rallies como el de Andora o la Mille Miglia que corrió el año anterior, pero solo como diversión. Y al fondo, su sueño. Una Fórmula 1 que seguía muy viva para él. Después de un mal 2009 con BMW, fichó por Renault. Subió tres veces al podio y sumó 136 puntos con un coche y un presupuesto lejos de los mejores. Ferrari estaba en el horizonte, pese a que él públicamente decía que aún no pensaba en su futuro.

En nuestra última entrevista hace tres años me contó que aún tenía muchas cosas que hacer en la F-1 antes de cambiar los circuitos por las carreteras. Y que Kimi se había ido demasiado pronto a la otra especialidad. Por culpa de aquel seis de febrero maldito ahora su ocupación profesional son los rallies, donde deslumbra por su rapidez, mientras sigue soñando con el semáforo que se apaga, el cuerpo a cuerpo en las curvas, la cima del automovilismo... Pero al menos nos queda la esperanza de que el increíble Kubica siempre se ha levantado. Ya lo hizo en 2003 cuando se le fracturó el brazo por varios sitios después de sufrir un accidente de tráfico. Tuvo que empezar las F-3 Euroseries en la cuarta reunión. Llevaba una férula y placas de titanio. Estaba físicamente tocado. No le importó. Logró ese año una victoria.

En las carreras europeas siempre hay alguna bandera polaca pidiendo la vuelta del hombre que volvió loco a su país. Por algo será. Tiene en la actualidad 28 años, algo menos de pelo y un semblante más serio. Pero da las gracias por estar vivo y haber vuelto a competir al más alto nivel. Eso sí, la obsesión sigue ahí: «Echo de menos la Fórmula 1. Podría pilotar uno de sus coches, pero me falta espacio. Necesitaría que fueran diez o quince centímetros más anchos. Cometí un error y pagué un precio muy alto por ello, aunque podría haber sido peor. Eso sí, no me importa lo que tarde. Me da igual que pasen uno o diez años. Tal vez algún día pueda volver a pilotar un F-1». Aquí te esperamos Robert, aquí te esperamos.

Capítulo 13

El Briatore que conocí

Si te considera amigo, Flavio Briatore merece la pena. Como enemigo, es durísimo. Supongo que por mi amistad con Alonso siempre nos llevamos bien. Desde 2003, la relación con Flavio empezó a ser más cercana. Yo siempre veía los entrenamientos libres en el *motorhome* de Renault con el padre de Fernando y con su mánager. A los pocos segundos de que terminara la sesión, el italiano aparecía por la puerta y daba el veredicto más optimista posible: «Llevábamos cincuenta kilos. Vamos bien, vamos bien...» Si el coche de Alonso estaba primero, las cuentas directamente no salían. Daba para una pole con un segundo de ventaja sobre el siguiente.

Para entrevistarle, no tenía que pasar por el trámite de su jefa de prensa. Le decía: «Flavio, ¿*parliamo*?» Y Flavio hablaba por los codos. A veces nos comunicábamos en inglés, otras nos entendíamos en mi precario italiano. Bueno, español con acento de Roma. Y se mostraba mucho más abierto cuando había buenos resultados. Si sus pilotos abandonaban, se iba antes de que acabara el gran premio.

Nunca supo de carreras. Le preguntaba las dudas nada más acabar a Pat Symonds, su jefe técnico. Pero sí de negocios y de contratar a los mejores. También de moverse muy bien políticamente. Es muy amigo de

Bernie Ecclestone. A Flavio le gustaba reírse de los *carreristas*, especialmente de Ron Dennis: «Cuando llegué a la Fórmula 1 me veían como un bicho raro. Pero ahí está mi palmarés como jefe de equipo. Y los números. Siempre fuimos los más eficientes a la hora de gastar. Hemos sabido ganar con menos medios que otros. A ellos, a los *fantastici*».

La primera vez que hablé con Flavio me dio una noticia. Fue el 5 de febrero de 2001. Estábamos en París. En la presentación a bombo y platillo del regreso de Michelin a la Fórmula 1. Él fue la estrella invitada. Estaba muy ilusionado con su vuelta a la primera línea de las carreras desde que las dejara en 1997. Aparecía muy seguro de sí mismo, maneras de playboy, con sus sempiternas gafas azules. Habló con un corrillo de periodistas italianos y cuando terminó, allí fui yo: «Flavio, acaba de fichar a Alonso como probador de Benetton Renault, ¿qué papel jugará en el equipo?». Bajó la cabeza (mide 1,90), me escrutó de arriba abajo como si hubiera visto un extraterrestre y contestó: «Fernando estará mañana en la presentación del equipo en Venecia junto a Button y Fisichella. Es un proyecto de futuro, este año correrá en Minardi, pero le hemos fichado para hacerle campeón con Renault». Adrián Campos, mánager entonces del asturiano, había mantenido en secreto que su piloto fuera a estar en la plaza de San Marcos. Así se lo había pedido el equipo.

Este maestro del márketing, responsable de la entrada de la firma de ropa Benetton en Estados Unidos, llegó a la Fórmula 1 en 1989. Rocco Benetton le encargó dirigir su escudería, nacida después de comprar Toleman. Cuando tomó los mandos del equipo, Briatore solo había visto una carrera antes, el GP de Australia en Adelaida. Bernie Ecclestone, el patrón de la F-1, aún recuerda lo que le contó el dueño del equipo de carreras sobre su nuevo fichaje: «Mr. Benetton me explicó que querían dejar los grandes premios. Yo le dije que no, que no se fueran, y él me contestó: «Uf, no sé cómo funcionará, pero tengo a un tipo en Nueva York... Le voy a traer aquí. ¿Podrías cuidar por favor de él?». Así nació la amistad entre Flavio y Ecclestone.

Briatore puso a Tom Walkinshaw al frente de la escudería. Pero el gran golpe en la mesa lo dio en 1991 al fichar a un joven alemán llamado Michael Schumacher. Acababa de debutar con Jordan en Spa y Flavio vio en él un talento descomunal. Para subirle, apartó a Roberto Moreno del segundo coche del equipo. Piquet y Michael fueron la pareja de la escudería en las últimas cinco carreras del año. El mejor resultado del piloto germano fue un quinto puesto. A finales de 1991 se unió al equipo como director técnico el ingeniero atómico Ross Brawn. El escocés lo contrató para Benetton después de que Brawn fuera el creador del coche con el que TWR (el equipo propiedad de Walkinshaw) ganó el Mundial de Sport Prototipos. Benetton Ford tomó una línea ascendente desde 1992 y en Bélgica, un año después de su debut, Schumacher logró la primera de sus 91 victorias en Fórmula 1. Terminó tercero aquel campeonato. El éxito para Briatore llegó en 1994. Schumi logró su primer título mundial. Para 1995 el italiano hizo una de sus jugadas maestras. Compró Ligier y se aseguró los motores Renault, los mejores de la época, para Benetton. Aquel fue un binomio arrasador. El germano se impuso en nueve carreras y ganó de calle el campeonato. Pero ya tenía lista su marcha a Ferrari.

La escudería del Cavallino se llevó también a Ross Brawn. Con él hubo una auténtica fuga de cerebros del equipo de la firma de ropa a Maranello. Flavio siguió en el equipo dos años más. Los resultados fueron malos. David Richards le sustituyó a finales de 1997. Renault dejó la F-1. Y el italiano encontró otro provechoso negocio al que dedicarse. Se ocupó de los motores de la marca francesa, les puso el nombre de Supertec y los distribuyó a cuatro escuderías. Tarde o temprano llegaría el regreso oficial de la multinacional.

Para el primer año, el de la presentación en Venecia, todo un homenaje a la familia Benetton en su última temporada, contó con Fisichella y Button como pilotos titulares. Fernando se fogueó en Minardi con la esperanza de correr al año siguiente. Para Webber, otro piloto de su empresa de representación de pilotos, FB Management, tenía reservada la Fórmula 3.000. El joven asturiano pensaba correr vestido de azul la siguiente temporada. No era eso lo que tenía Flavio previsto para él. Le tuvo el año 2002 de probador de Renault. Superó en todos los test a Button y terminó por quitarle el puesto para la temporada siguiente, 2003. La prensa inglesa fue muy crítica con el jefe de Renault por poner al inexperto español en el lugar de Jenson. Pero Briatore lo tenía muy claro: «Jenson es un buen piloto, pero Fernando es mejor».

Tardó poco en cargarse de razón. En Sepang nos abrazamos por el primer podio del piloto español. Y, después, en Brasil, fueron Briatore y su amigo español Alejandro Agag los que me confirmaron que el ovetense estaba bien después de chocar contra la rueda desprendida del coche de Webber. El trofeo del podio lo recibió el piloto español en el hospital. Pero, afortunadamente, no se hizo nada.

Llegó Canadá, la carrera donde Alonso marcó la primera vuelta rápida de su carrera. Unos días antes entrevisté a Flavio y sus palabras fueron premonitorias: «Fernando tiene unas grandes condiciones. Si sigue trabajando así, España tendrá pronto su primer superpiloto de la historia. Eso sí, todavía es muy joven, solo tiene veintiún años y no necesita una presión extra». Le dije, claro está, que me explicara por qué le tuvo un año sin correr. Esta fue su respuesta: «¿Y quemar a un joven piloto? Alonso debía ir poco a poco, sin presión, para coger experiencia. Mire el caso de Felipe Massa. Su primera temporada en Fórmula 1 y ya está fundido. Y eso que es muy veloz. No me importa que haya gente que critique mis decisiones. Yo trabajo con el fin de lograr lo mejor para Renault y el piloto. Y eso es lo que he hecho. Acertamos al hacerlo así».

La otra perla la soltó cuando le pregunté sobre si no pensaban mejorar el sueldo de su joven estrella: «¿Le suben a usted el sueldo si hace un buen artículo? ¿O se lo bajan si lo hace mal? (se ríe). Los contratos son los contratos y están ahí para respetarlos. Renault ya le ha dado el premio de darle la oportunidad de subirse a un buen coche». El equipo francés era una subcontrata en la que Flavio era el mejor pagado. Ganaba entonces tres o cuatro veces más que sus pilotos. Y Fernando quería aprovechar su excelente rendimiento para mejorar unas condiciones que firmó cuando aún no era piloto de Fórmula 1. Seis años de contrato, con mejoras cada temporada, pero cifras lejanas a las de las estrellas de la parrilla.

Después del inolvidable segundo puesto de Barcelona, el verano no trajo ningún podio más… Hasta la victoria en Hungría. El R23 fue imbatible en sus manos, dobló a Schumacher, dijo estar en una nube y se fue corriendo del circuito porque tenía un evento del patrocinador Mild Seven en Polonia. Sudoroso, rodeado de periodistas y con su entonces novia la modelo Heidi Klun a solo unos metros, Flavio aprovechó para sacar pecho: «Todo ha sido histórico, pero yo ahora lo que quiero es que este equipo gane el Mundial. Esta ha sido una gran victoria, fantástica para España, fantástica para Renault, para el piloto, que se ha convertido en el más joven en ganar una carrera. Es sensacional para todo el mundo. Me criticaron por elegir a Fernando para ser piloto oficial. También cuando lo fiché. Decían que los españoles solo eran buenos en las motos. ¿Y ahora...?». Otra de las señas de identidad del magnate italiano es que no tenía ningún reparo en cobrarse públicamente las deudas.

Al final de ese año, en Japón, pude conocer el lado oscuro de Briatore. Se enfadó con lo que publicó un periodista respecto al interés de Ferrari hacia el ovetense y nos soltó una buena charla. Nos dijo que si alguien publicaba mentiras sobre Fernando ese periodista podría no volver a entrar en la Fórmula 1. Es una competición privada de acceso restringido. O, como mínimo, que seguro no le dejaría pisar el *motorhome* de Renault. Una advertencia que también le hizo en los tiempos de Schumacher a la prensa alemana.

El Mundial 2004 fue bastante convulso en la escudería francesa. El coche era muy delicado de pilotar, los Ferrari eran de otro planeta y el equipo ayudó durante la primera mitad del año a Trulli. Flavio quería venderle a otra escudería. Fichó antes del final de la temporada por Toyota. Y entonces fue Fernando el número uno del equipo. Al ovetense había cosas que seguían sin gustarle de la escudería francesa. Gotas que se acumulaban a la hora de pensar en una posible marcha. Aunque ahora, visto en perspectiva y valorando lo que sufrió después en McLaren, aquellos problemas de entonces le deben parecer poca cosa.

De aquel año, uno de los días más jugosos fue el de la cena con la prensa española por el cumpleaños de Alonso en Hockenheim. Me tocó en la mesa del italiano, sentado justo a su lado. Allí nos reímos con sus conocimientos del español, le expliqué el mito de Don Pelayo y cargó con dureza contra algunos de sus enemigos. Fue una velada divertida en la que nos dijo que no entendía cómo había periodistas españoles que no iban con su piloto, con todo lo que le estaba dando al deporte español.

Solo unas horas después, sin embargo, hubo bronca. Briatore dijo que Fernando no iba a dar más entrevistas a los medios españoles. El detonante fue, aunque suene extraño, una información que apareció en *La Gazzetta dello Sport*. El periodista italiano dijo que su fuente fue uno de los periodistas españoles. Por eso la tomó con el colectivo patrio. El tercer podio de Alonso en la carrera hizo que se olvidara todo. Las aguas volvieron a su cauce. Como casi siempre. Pese a los roces propios de cualquier trabajo, Renault siempre fue un equipo más abierto que cualquiera de los más grandes.

En los siguientes años de gloria hubo algunos momentos de zozobra. Especialmente, en el inicio del Mundial 2006. Briatore se sintió traicionado cuando el piloto español anunció su fichaje por McLaren para 2007: «Me decepcionó porque tardó mucho en contármelo». Se lo comunicó dos semanas antes de que se hiciera oficial. Durante 2005, Fernando supo maniobrar con Luis García-Abad para desligarse de uno de los dos contratos que tenía con Flavio, el que le obligaba a tomar sus decisiones de futuro siempre de acuerdo con FB Management. Liberado de ese condicionante, el ovetense pudo negociar su futuro de manera independiente. Y hacerlo público. Algo que sentó muy mal en la escudería. Durante el invierno, Pat Symonds, el jefe de ingeniería, dijo que Fisichella podía aspirar al título. En las primeras carreras hubo errores estratégicos que le perjudicaron. Especialmente en la calificación de Malasia, donde le echaron dos veces gasolina. Así las cosas, criticó abiertamente a su escudería en Imola: «Si vienen malos momentos, no creo que Renault me ayude demasiado. Tampoco me han ayudado mucho en los tres o cuatro años que he estado aquí. La desventaja de anunciar el fichaje a McLaren es que decepcionas a la escudería y quizás no notas que hagan el mismo esfuerzo de antes contigo».

Briatore salvó esta crisis contestándole en público y

pidiéndole silencio ante la prensa en privado. El italiano le recordó su pasado: «No entiendo porqué hace estas declaraciones. Yo le llevé a la Fórmula 1 y que yo sepa el año pasado ganó el título mundial con nosotros y logró siete victorias. ¿Falta de ayuda? Quizás se esté refiriendo a su próxima escudería». En carrera hubo un nuevo error táctico de Symonds que posibilitó la victoria de Schumacher. Pero desde Nurburgring los ánimos se calmaron. Un podio y cuatro triunfos consecutivos.

Durante el verano a Flavio le salió una preocupación mucho más importante que la Fórmula 1. Antes de la carrera de Indianápolis le detectaron en un control rutinario un cáncer en el riñón izquierdo. Le operaron dos semanas después. Nada más salir del quirófano prometió cambiar de vida: «Antes de pasar por esto me sentía inmortal. He tenido mucha suerte, si me lo detectan más tarde podría haber sido mucho más complicada la curación. Tengo que dar las gracias a Dios. A partir de ahora pienso acabar con el 15% superfluo que tenía mi vida de antes».

El R26 se estancó y comenzó la remontada de Ferrari. En Monza, Briatore demostró toda su fuerza al respaldar a Alonso en su rebeldía contra la FIA por aquella extraña e injusta sanción en calificación. Fue uno de esos gestos por los que Flavio fue siempre uno de los personajes más carismáticos de la Fórmula 1. Y sigue siendo amigo del bicampeón. El *motorhome* repleto, la repetición por las pantallas de televisión de cómo Fernando no había estorbado a Massa… El multimillonario fue siempre un paraguas para su piloto ante los ataques externos. Algo que no ha vuelto a tener en el resto de su carrera.

Así llegamos al GP de China. Fernando era líder antes de la última parada. Le pusieron neumáticos nuevos. Él estaba de acuerdo en eso. Sus ruedas entraron en *graining,* que por aquel entonces se pasaba en unas vueltas. Fisichella y Schumacher venían por detrás. Symonds le dijo a Giancarlo que atacara. Acercó al Kaiser hasta los dominios del asturiano. Schumi pasó al Renault número dos y después al uno. Cuando recuperó el neumático ya era demasiado tarde. Michael se convirtió en el nuevo líder. La escudería francesa recuperaba la cabeza en la tabla de constructores.

Alonso no entendió que su compañero no ralentizara el ritmo e intentara contener a su rival mientras se pasaba la crisis de las ruedas. Se enfadó con su jefe de ingeniería y estratega: «Lo difícil de este campeonato es luchar contra todo. Algunos en el equipo están muy alegres porque adelantamos a Ferrari en constructores y así igual no me llevo el número uno a otra escudería. Seguimos perdiendo puntos y Renault tampoco me está ayudando del todo. Están más preocupados por el título de constructores». Son declaraciones que hizo en los cinco minutos que concedía siempre a la prensa española, solo a nosotros, después de cada prueba. Se armó el belén. Flavio se reunió con Fernando y le pidió que lo desmintiera. Ante la corriente de quejas que se generó en España, uno de los más importantes mercados europeos de la marca francesa, la directora de comunicación, Patrizia Spinelli, tuvo que negarlo: «Renault está con Fernando al 150%». El asturiano se desdijo una semana después en Japón. La relación con Pat era cada vez más fría y Flavio estaba en medio de la batalla. Pero decidieron ir todos a una. Tenían que ganar los dos títulos.

El piloto español no quería más errores, por eso dijo lo que dijo. No los hubo y en Brasil alcanzaron de nuevo la gloria. Eso sí, Flavio se quedó sentado esta vez en su silla del muro. Embargado por la emoción. Cansado y triste porque se le iba otro de sus descubrimientos. En el 96 se marchó Michael a Ferrari, esta vez era la otra gran apuesta de su vida quien se iba a McLaren. En la vuelta de regreso a boxes, hubo palabras de cariño de Alonso entre lágrimas para su equipo: «Gracias por todo. Habéis hecho un trabajo increíble. Todo el año. Ha sido un placer estar aquí con vosotros. Os deseo todo lo mejor para el futuro». Solo unos meses después, vestido de plata, comenzó a echar de menos el afecto con el que siempre le trató una buena parte de Renault.

La línea entre Flavio y su pupilo nunca dejó de estar abierta. Fue él quien le aconsejó que no se amedrentara si creía que le estaban perjudicando. Si no se quejaba del trato en McLaren, le iba a ir todavía peor. Kovalainen fue el recambio del ovetense. Pronto notaron la diferencia. Estaban encantados con la posibilidad de que el bicampeón volviera a su antigua casa en las carreras. El padre de Fernando y Luis García-Abad comieron muchas veces en la escudería francesa. Y disfrutaron de su tiramisú mejor, doy fe, que el de muchos restaurantes. Vi a Patrizia Spinelli, la directora de comunicación, darle ánimos al asturiano después de su decepción de Montreal 2007. Briatore le ofreció su cariño de siempre. Se estaba trabajando a la perfección su regreso. También estuvo vivo durante el invierno. Se enfadó cuando supo de los contactos de Fernando con Red Bull y subió su oferta por el asturiano. Según su propia versión fue el único que llegó a cerrar un acuerdo previo con una fecha límite. Dijo que en quince días firmaría y así fue. Firmó por una temporada con opción a otra más. Era un contrato que le dejaba libertad de acción al final de cada Mundial. Algo que solo Renault y Toyota le llegaron a ofrecer. El problema de aquella temporada es que el coche fue un desastre. Solo al final de la temporada, gracias a la evolución que estrenaron en Singapur, el ovetense logró dos victorias y un total de cuatro podios. Fue el mejor piloto de la segunda mitad de aquella temporada.

En lo político los equipos y la FIA de Mosley cada vez estaban más distanciados. En abril salió a la luz un vídeo sadomasoquista en el que el presidente de la Federación aparecía disfrazado de nazi con una fusta y cinco prostitutas a su alrededor. Lamentable. Por la imagen que debe tener alguien así y por las connotaciones. Su padre, Oswald Mosley, fue un británico filonazi. Nunca se supo quien fue el inductor del vídeo y su publicación en *News of The World*. La lista de enemigos era realmente larga. Eso sí, quien lo hiciera logró su objetivo, echar al británico de la Federación. Se marchó a finales de 2009.

Eso sí, lo hizo matando. Sin hacer caso a la Asociación de equipos que lideraban Montezemolo (Ferrari) y Briatore (Renault) estableció unas normas para 2010 en las que los equipos que se sometieran al límite presupuestario de 45 millones de euros tendrían ventajas técnicas sobre los demás. En aquellos tiempos las escuderías más pudientes superaban los 400 millones de euros anuales de presupuesto. Era absolutamente inviable.

Todos los equipos de aquella temporada excepto Williams y Force India amenazaron con montar un Mundial paralelo. Se planeó en Turquía y se llegaron a valorar varios nombres como el de GP1, porque el nombre Fórmula 1 pertenece a la FIA. Toda esa batalla contra Mosley influyó en que la Federación diera por bueno el doble difusor que estrenaron los Brawn en sus monoplazas. Una ventaja decisiva para el Mundial. Así debilitaba la posición de McLaren y Ferrari, que no lo tenían.

Además, Bernie Ecclestone salvaba una escudería, la antigua Honda que dirigía entonces Ross Brawn, al borde de la desaparición. Sin embargo, al no prohibirlo, se dispararon los costes. Briatore le quitó los asientos a su jet privado para llevar el doble difusor de Renault a China, Ferrari puso uno de juguete en su F60 (no cabía) igual que McLaren, y Red Bull fue el único de los grandes que supo hacer un coche competitivo, aunque llegara demasiado tarde. En la duda sobre si el nuevo campeonato salía o no adelante, Bernie Ecclestone y Max

Mosley dieron vía libre a la entrada de nuevas escuderías de bajo coste, Campos Meta (con Adrián Campos al frente, luego Hispania), USPG y Manor. Esta última se convirtió en Virgin y el equipo americano nunca llegó. Quien sí lo hizo fue Lotus, actualmente Caterham.

El jefe italiano nunca tuvo reparo en criticar públicamente a Mosley durante aquella guerra: «No hablaré de su vida privada porque ya hemos visto en un vídeo de lo que es capaz». Y no dudaba en imitarle irónicamente siempre que alguien decía su nombre. Los equipos lograron cargarse el proyecto de tope presupuestario. Se fijaron un límite más razonable, nuevas normas y una reducción de plantilla. Flavio y los demás, 1; FIA, 0.

A Max se le abrió el cielo cuando Nelson Piquet padre le hizo saber que su hijo tenía información sensible sobre su colisión contra el muro en Singapur 2008. Harto de su bajo rendimiento y muy presionado desde París, Flavio decidió despedir al hijo del tricampeón brasileño y puso en su coche al debutante francés Romain Grosjean. Producto de aquel enfado de finales de agosto, Nelson convenció a su hijo para que denunciara a su exequipo. Nelsinho declaró ante la Federación Internacional que su accidente fue deliberado, que lo ensayó en la vuelta de reconocimiento, y que decidió hacerlo presionado por Briatore y Pat Symonds para renovar. Se trataba, según él, de una trama para provocar la salida del coche de seguridad y lograr que su compañero lograra remontar muchos puestos de golpe. El joven piloto brasileño declaró también que Alonso no sabía nada. Briatore lo negó todo. Y, en su última rueda de prensa oficial como jefe de Renault atendió a los periodistas de todo el mundo en tres idiomas (inglés, italiano y francés) en su *motorhome*. Estábamos en el circuito de Monza, durante el GP de Italia. Contó sin pestañear que su expupilo era un mal piloto, mentiroso y desveló algún episodio de su vida privada: «Le despedí por sus malos resultados. Si hubiera sido cierto eso que se ha inventado, ¿ven lógico que le hubiera podido despedir? Yo no puedo permitir las insinuaciones de que Renault puso en riesgo la seguridad de todos los participantes solo para que Alonso obtuviera algún beneficio. Yo he hecho mucho por Nelsinho. A petición de su padre le aparté de una relación especial que tenía con un hombre de 50 años con el que vivía y le llevé a mi casa a Londres».

Solo tres días después de aquella carrera la marca francesa dejó en la estacada a Flavio y anunció su despido de la escudería junto a Pat Symonds. Y llegó el Consejo Mundial del día 21. Allí estuvo invitado por sorpresa Fernando Alonso, que se reafirmó en que él no sabía nada. Y apareció el testimonio de un testigo protegido, Mister X, que refrendó la acusación de Nelsinho Piquet. Siempre se rumoreó que aquel testigo fue un ingeniero de Renault que quería acabar con Symonds. Pero nunca se aclaró ni se probó su autenticidad. La sentencia del Consejo, o de Mosley, que lo manejaba a su antojo, fue la exclusión en suspenso de Renault por dos años (solo se ejecutaría de cometer otra falta grave) y la suspensión de por vida a Briatore. Se le impedía a él y a sus pilotos trabajar en la F-1 y se le prohibía pisar el *paddock* de ningún evento de la FIA. A su jefe técnico le cayeron cinco años.

Sin embargo, esto es la Fórmula 1. Una cosa es blanca y al día siguiente negra como el azabache. Ocho meses después Flavio reapareció en el *paddock* de Mónaco. Llegó en barca, firmó autógrafos y se fue al *motorhome* de invitados de su amigo Bernie Ecclestone. Al verme en la entrada de la carpa junto al autobús, me sonrió, se levantó y nos fundimos en un abrazo: «¡*Ciao caro*, cuánto tiempo!». Estaba tranquilo después de que un tribunal civil de París inhabilitara la sentencia del Consejo Mundial por encontrar irregularidades. Además, había llegado a un acuerdo con Jean Todt para estar solo dos años fuera de las carreras por la responsabilidad subsidiaria como jefe de Renault.

En teoría no podía aparecer en un circuito, pero se bajó de su *Force Blue*, el impresionante yate que tiene atracado en Mónaco, y se plantó en la F-1 gracias a un pase VIP cedido por Ecclestone.

Un Bernie que dormía en el barco de su amigo y que no sería de extrañar que algún día le cediera los bártulos de la FOM. Llevaba una camiseta azul marino de su carísima marca *Billionaire* y unas zapatillas de andar por el barco (muy parecidas a las de estar por casa). Hablé con él unos minutos:

—¿Cómo es que está por aquí, si en teoría no puede pisar el *paddock*?

—Yo no tengo ningún problema. Aquí tengo el pase, mira, mira…

—Por cierto, enhorabuena, ya ha sido papá, ¿cómo se llama el niño?

—Gracias, gracias. Se llama Falco. Casi como yo, así se mantienen las siglas FB (*se ríe*).

—¿Sigue el Mundial?

—La verdad es que la Fórmula 1 se ve muy bien por la tele, muy tranquilo. Y las carreras son divertidas. Bueno, cuando llueve… porque si no son una mierda (*suelta una carcajada*).

—¿Cómo lleva no estar en la F-1?

—Bien, estoy muy tranquilo. Sigo teniendo muchos negocios, pero ahora las cosas son más tranquilas. Hay que tener en cuenta que yo ya estaba pensando en dejar este mundillo. Me hubiera ido antes, pero seguí en 2009 por continuar junto a Fernando.

—¿Piensa volver a dirigir una escudería?

—No, seguro que no.

—¿Algún recadito para Max Mosley?

—Yo no miro hacia atrás. Estoy satisfecho de que Jean Todt sea el actual presidente de la FIA y espero que Max lleve una vida tranquila.

En la actualidad, Briatore se sienta junto a su hijo Falco, de tres años, a ver la Fórmula 1. El peque va tanto a favor de Alonso que deja de ver la carrera cuando su ídolo se retira. A sus 63 años Flavio es feliz junto a su mujer, la guapísima Elisabetta Gregoraci, y se ha tomado la educación de su pequeño como un trabajo más. El más apasionante. Lejos queda ya el playboy que encandiló a Naomi Campbell.

Ha vendido el 51% de sus clubs Billionaire a un grupo inversor asiático. Toda una inyección de capital para seguir extendiendo esas discotecas por España (la más nueva es la de Ibiza), Dubai e India. Y disfruta siempre que puede de su resort en Malindi (Kenia), The Lion in the Sun. Está claro que es un personaje con claroscuros. Sobre todo fuera de las pistas. Pero lo que nadie le podrá quitar es que, bajo su manto, crecieron dos supercampeones, Schumacher y Alonso.

Capítulo 14

Pilotar, reír, disfrutar…

$\mathcal{A}$lguien dijo que en la vida hay que tener un hijo, escribir un libro y plantar un árbol. Lo primero merece muchísimo la pena. Si está leyendo estas líneas es porque he conseguido lo segundo. Y espero que vengan muchos más. ¿Pero a quién se le ocurre ponerse a plantar árboles pudiendo sentir sobre su cuerpo la sensación de ir en un monstruo a más de 12.000 revoluciones y a 250 km/h? No lo duden. Si se encuentran al genio de la lámpara, pídanle el deseo de subirse a un Fórmula 1.

Y no pretendo darles envidia, ni mucho menos. Pero merece la pena contarles como piloté en dos ocasiones una de esas bestias de las carreras, de qué manera competí en karts con nuestros grandes del motor o cómo fui el copiloto de Fernando Alonso en los circuitos del Jarama, Nurburgring y Cheste. Aún se me ponen los pelos de punta al recordarlo…

La primera vez que probé un F-1 fue en otoño de 2005. Volé gracias a Tag Heuer al Circuit du Var en la Costa Azul francesa. Un viaje en el tiempo hasta 1999, al volante de un Arrows A20 como el que llevó Pedro de la Rosa en su debut en el gran circo. Las primeras limitaciones las viví al meterme en el monoplaza. Un habitáculo estrecho, sobre todo porque mi corpulencia supera con mucho la de un atleta de fondo. Una vez dentro, eso sí, me sentí relativamente cómodo.

El primer problema al que hay que acostumbrarse es el embrague, muy brusco, que solo se debe apretar para salir. Hay que levantarlo muy suavemente y dejarlo en el punto anterior a aquel en el que empieza a moverse. Aceleras sin miedo y sueltas… ¡*Voilá*! La bestia se mueve. Se oye un ronroneo celestial. Al primer acelerón sentí que la inercia vencía mi cuello hacia atrás como si se tratara de una fina hoja de papel. En las rectas me costaba mantener la mirada fija en el horizonte ante el empujón del propulsor. Era, literalmente, un cohete. De 0 a 200 km/h en solo seis segundos. El consejo de los instructores era no pasar de las 9.500 RPM (de un tope de 12.000), pero tenía que explorar mis propios límites. Primero hasta 10.000, después 10.500, hasta 11.000 vueltas. El aullido metálico era estremecedor. Pasé la única curva rápida y sentí cómo la aerodinámica pegaba el coche contra el suelo. ¡Qué agarre! Metí sexta y debía ir a unos 240 km/h. Hay que frenar con decisión y bajar marchas desde sexta a segunda velocidad. Lo normal es quedarse corto de lo bien que desacelera. No se puede dudar como en un turismo, porque entonces la marcha del cambio semiautomático no entra y el monoplaza se queda en punto muerto.

Llegó la última de las siete inolvidables vueltas. Había que darlo todo. Primera curva de la pista, una lenta a derecha, entré demasiado fuerte, a la salida aceleré a fondo y ¡se cruzó! Pegué un contravolante y me sentí por un instante como un piloto de carreras. Lo malo es que mi momento de gloria llegaba a su fin. Regresaba a boxes con una sonrisa infinita, la respiración agitada, un subidón…

La guinda de esa jornada fue una vuelta de paquete en un biplaza. Era como ir en una montaña rusa. No sentí miedo. Sabía que el piloto lo tenía todo controlado.

Pero la sensación de mareo no me gustó. En ese momento me arrepentí de haberme excedido con los embutidos franceses que nos dieron a probar unas horas antes. Entendí perfectamente la existencia de ese botón que tenía justo delante, el botón del pánico que aprietan los invitados VIP que no aguantan una vuelta a esa velocidad. Yo no lo pulsé, pero sé de más de un famoso que ha alertado de esa manera al piloto después de cuatro curvas.

La jornada tuvo un final que también me hizo sentirme de otro planeta. Acostumbrado a viajar durante horas por todo el mundo en aviones llenos hasta reventar y por supuesto en clase turista, ese día la vuelta fue en un jet privado. Era propiedad del director general de Louis Vuitton. Desde la terminal VIP del aeropuerto de Marsella. Sin esperas. Sin tener que apagar el teléfono móvil. Nada de charlas sobre las puertas de seguridad del avión. Ni bandejas repletas de comida insípida. Solo cinco pasajeros con una elegante azafata que vestía un impecable traje de chaqueta. Olía a cuero y nogal. Bebimos champán mientras recordábamos con entusiasmo nuestras sensaciones en el *cockpit*. Atardecía en el cielo sobre Madrid.

Y no hubo una, sino dos pruebas. Nunca me lo hubiera imaginado de niño. Crecí con una bandera encima de mi cama, en la que un Ferrari 126C2 me daba las buenas noches todos los días. Mi hermano, cinco años mayor que yo, era y sigue siendo un verdadero apasionado de todo lo relacionado con un motor y cuatro ruedas. Un Tyrrell de seis ruedas y un Ligier de Jacques Lafitte eran mis coches de Scalextric preferidos.

Me recuerdo viendo mi primera carrera de Fórmula 1 en televisión en el año 81. El GP de España. Conservo una marca en mi brazo derecho de un buen arañazo que me llevé mientras manejaba un marcador de una carrera en el Jarama. Mi ídolo era Gilles Villeneuve. Dos años y medio después de aquellas vueltas iniciáticas llamé a mi hermano para darle la noticia. Iba a repetir sobre un F-1. Se murió de envidia: «Me cambio contigo ahora mismo, diles que voy yo en tu lugar, y después te lo cuento. Tú lo escribes.»

El miércoles 4 de junio de 2008 me dejaron ser Fernando Alonso por un día. Probé un Prost de 2001 decorado como el monoplaza del asturiano. Con 650 CV de potencia. Y viví una jornada de gran premio con fisioterapeuta, reuniones con los ingenieros y telemetría. Como telonero del F-1, unas apasionantes vueltas sobre un Fórmula Renault de 300 CV.

Salí de casa rumbo a Marsella invitado por ING Direct. El viaje fue frenético desde el primer momento. En el aeropuerto a un grupo de periodistas españoles nos esperaba una furgoneta del equipo Renault. Encontramos un atasco y el conductor decidió batir todos los récords de Marsella a Bandor. Teníamos que llegar a tiempo al siguiente transporte. El tío tenía unas manos increíbles, íbamos a 190 km/h en una furgoneta. Allí nos esperaba un barco que nos llevó a una pequeña isla, un precioso rincón del Mediterráneo ocupado por un hotel de lujo. Dormí poco. A las seis y media de la mañana un helicóptero nos llevó al circuito.

Eran las tres de la tarde cuando llegó el momento de la verdad. Me hicieron esperar cinco minutos en el *cockpit*. Sentado en el monoplaza, el corazón se me salía del pecho. Unos segundos eternos en los que miré el volante, las palas del cambio y esas ruedas, los anchísimos pasaportes hacia el éxtasis. Repasé mentalmente el procedimiento para no calar el coche. Era el primero en probarlo y un error, una salida de pista, le podía costar la prueba de este monstruo al resto de periodistas.

Esta vez el escenario era muy especial. Uno de los circuitos cortos del trazado de Paul Ricard de 3,8 kilómetros. Con ocho curvas y bastante virado. El monoplaza era un calco formal de los que llevaban aquel año el asturiano y Piquet en Renault. De hecho, su alerón delantero imitaba los apéndices del coche de 2004. Pese a las limitaciones y precauciones lógicas, el propulsor estaba «capado» respecto a las más de 15.000 vueltas que alcanzaba en sus buenos tiempos. La sensación era como la de una catapulta. En la recta de atrás del circuito, después de una *chicane* lenta en tercera velocidad, pisar el acelerador sin misericordia permitía acercarse al siguiente viraje a 240 km/h. En quinta velocidad, tal como indicaba mi telemetría. No estaba mal para haber sido especialmente cauto en la curva anterior.

Antes de la última zona lenta volví a enganchar marchas a fondo y a sentir el aguante del monoplaza. Tercera, cuarta, quinta, ¡cómo corría! Frené a fondo. El coche se paró en muy pocos metros. Era una máquina perfecta, con un aplomo incomparable. Ni siquiera hizo un extraño en la parte bacheada de la frenada. Pasé por la recta de meta. Metí sexta. Quería que ese sueño nunca acabase. Despertarme en Montreal, mi siguiente destino, después de treinta vueltas sobre el vehículo más veloz del planeta en un circuito. Solo pudieron ser dos. Al final aplausos y el reconocimiento de un expiloto de Fórmula 1, Luis Pérez-Sala: «Has ido muy bien, te he visto muy suelto». Todo había salido según lo previsto, pero me quedé con la sensación de que podría haber hecho mucho más.

De nuevo, un jet privado esta vez con destino a París nos esperaba en el aeródromo del Paul Ricard para llegar a tiempo y desde allí poder coger nuestro vuelo a Montreal. Solo a los cinco periodistas que teníamos que compaginar aquella jornada inolvidable con el trabajo en el GP de Canadá. En el aeropuerto Charles de Gaulle de la capital francesa nos esperaba personal de Air France a pie de pista para llevarnos sin pasar control alguno a la sala VIP de la terminal. También en eso fuimos estrellas de las carreras, pero volvimos a la realidad al entrar en el abarrotado avión rumbo al otro lado del Oceáno Atlántico.

Al día siguiente, agotado después de una jornada interminable de 28 horas, le conté a Fernando Alonso mi experiencia en el Paul Ricard. Me dijo que, donde yo llegaba a 240 km/h en el trazado corto, él alcanzaba 340 km/h en el largo. Y que, claro está, no podía dar la curva rápida de derechas a fondo. Levantaba el pie del acelerador ligeramente y volvía a acelerar hasta la siguiente frenada.

Al probar el Fórmula 1 me di cuenta de que es una máquina tan perfecta que al principio todo parece fácil. El propio Fernando decía que yo podía bajar con práctica 15 segundos por vuelta (y seguir lejos de un piloto de verdad, por cierto). Ahora bien, lo que parece reservado solo a unos elegidos es llevar la bestia al límite. Y eso es algo que se ve mejor de copiloto en el biplaza. Todo sucede entonces demasiado deprisa, las curvas son un continuo espacio-tiempo.

Hay que tener mucho arrojo para atreverse a buscar la hipervelocidad y luchar a brazo partido con los mejores pilotos del mundo. Y no fallar, ni hundirse con la presión. Técnicamente, no hay mucha distancia entre el mejor y el peor piloto de la parrilla. La diferencia la da la casta y el carácter para que la bestia funcione en armonía el día D a la hora H. Y la capacidad técnica para que el coche llegue más allá de lo que dictan los ordenadores.

Después de ver y contar tanta carrera, a los periodistas de este mundillo de vez en cuando nos gusta descargar un poco de adrenalina compitiendo entre nosotros en karts. Y en varias ocasiones, mis adversarios no han sido únicamente los colegas de sala de prensa. También he tenido la suerte de haber corrido en esos pequeños monoplazas con Fernando, De la Rosa y Gené. Ahí puedes comprobar cómo es el carácter de cada uno de nuestros pilotos en pista.

Hace años competimos, es un decir, con Alonso y De la Rosa en un viejo karting situado en una zona industrial de Montreal. Fernando te observaba mínimamente y enseguida te pasaba por encima. Pedro era más sutil. Llamaba a la puerta. Te iba avisando con pequeños toquecitos que te hacían apartarte de su camino. El asturiano superaba en cada vuelta el récord del circuito. El dueño de la pista llamó a un chaval de menos de sesenta kilos, el anterior plusmarquista, para que batiera a los nuestros. No lo logró. Las trazadas de Pedro se podían intentar copiar. Las de Alonso eran imposibles. En la manga definitiva tuvimos una colisión múltiple en la primera curva. Mi lucha estaba en batir al mánager de Fernando y a su fisioterapeuta Fabrizio Borra. A este último le gané a pesar de mi pésimo estado físico y Luis se retiró por los daños que tenía su coche después de aquella colisión inicial. Más allá del resultado, lo mejor fue lo bien que nos lo pasamos.

En esos momentos se ve lo cerca que, sin el factor presión de por medio, están unos pilotos de otros. El asturiano solo le sacó a su rival catalán 55 milésimas en un circuito de treinta segundos. Yo me bajé del coche sudoroso, cansado, y sin saber porqué había sido más rápido en unas vueltas que en otras. Mientras tanto, Fernando y Pedro hacían una tesis acerca de un trozo pequeño de hormigón que agarraba un poco más y les permitía ir más deprisa.

Con Marc Gené corrí en el karting de Carlos Sainz en Madrid. Su pilotaje era muy fino. Y su comportamiento, demasiado educado en la pista. No quería tocar a nadie. Prefería no abusar. Me dobló enseguida. Tenía que hacer lo mismo con otro piloto que tenía justo delante. Como no había sitio para pasar sin tocarle, esperó… Y yo le ataqué y me desdoblé. Adelanté a los dos por el interior. Estaba tan orgulloso de haber pasado a un ganador de las 24 horas de Le Mans y piloto de Fórmula 1... Pero ese placer me duró tan solo cinco segundos. Eso es lo que Marc tardó en quitarme las pegatinas y rebasarme por fuera sin despeinarse. Desperté a la bestia. Al bajar del kart me dijo: «No vas mal». No era la primera vez que me lo decía. Aun hoy todavía nos reímos él, Antonio Lobato y yo, del miedo que les hice pasar en el Jarama sobre un BMW Serie 1.

Fue en 2008. Marc nos enseñó trucos de cómo ir deprisa en ese circuito. Es un profesor muy bueno y con cuatro nociones aprendes sobre el terreno donde hay que frenar y cómo afrontar una vuelta. Cuando llegó mi turno intenté poner en práctica todo lo que nos dijo. La enorme diferencia es que él lo hizo de manera brillante sin control de estabilidad y yo sí que llevaba esa red de seguridad. Llegamos a la zona alta del circuito y decidí atacar. Ya había corrido allí alguna que otra vez. Salimos de la curva de la hípica y aceleré sin contemplaciones. Me dijo: «Recuerda que la curva rápida de Bugatti no hay que darla a fondo». En su vuelta él si la dio a tope, pero nos dijo que eso no lo hiciéramos. Pero yo estaba encendido y entré a toda velocidad en la curva. El serie 1 empezó a amagar el derrape y el gritó: «¡Noo, a fondo no, a fondo no...!» Yo no escuchaba, seguí acelerando y empecé a notar risas nerviosas dentro del coche. Cuando llegamos a boxes me dijo riendo: «Eres muy agresivo. A partir de ahora te voy a respetar más. Normalmente un instructor da la vuelta después para que los alumnos no intenten hacer lo mismo. Pero te he visto bien».

Por último, pero no por eso menos emocionante, otra de las grandes experiencias que me he encontrado en este intenso camino a pie de pista es ser copiloto ocasional de estos maestros del volante.

Con Pedro nunca he coincidido en un circuito, pero sí que he comprobado sus habilidades fuera de ellos. Con Fernando Alonso he dado vueltas al límite en cinco ocasiones. Él siempre intenta buscarse un objetivo. Alguien a quien ganar. Lo lleva en la sangre. De todas, la más impactante fue en el moderno Nurburgring en 2005. Es una tradición en este circuito alemán que los pilotos den una vuelta a los ganadores de un concurso. Y siempre se suele colar algún periodista. Cada escudería lleva su coche de calle y, como es lógico, no es lo mismo un Ferrari que un Renault. Fisichella y él competían entre sí con un Clio RS de 190 caballos. Cuando subí el último con Fernando llevaban una hora luchando entre ellos. Ese día sí que pasé miedo.

Así fue la vuelta. Viajen conmigo en el tiempo al sábado 23 de julio de 2005. La víspera del GP de Europa. Giancarlo está justo delante. Desde la salida a la primera curva, Fernando apura a fondo cada una de las marchas, llega al primer ángulo de segunda a unos 130 km/h. Yo miro a los carteles de frenada. Pasamos el de 100 metros, el de 50. Y al fin apura con una violencia inusitada. Le mete un interior de órdago a Fisichella tirando de freno de mano. Pie a fondo y en la siguiente apurada, al final del gancho del trazado, Giancarlo nos adelanta rozando los retrovisores.

Afrontamos una vertiginosa bajada. El motor a 7.000 vueltas. Fernando habla sin parar. Va sin casco y muy tranquilo: «Es que el suyo tira más, está preparado, mírale cómo se va». Poco después, nos zarandea en una rápida enlazada: «¡*Fisico* se cree que está en la Copa Clio, no creas que me espera!». En busca de la diversión, el italiano afloja y le pasamos en la redonda siete. Empiezo a marearme...

Giancarlo se coloca a dos centímetros del parachoques y nos pasa poniéndose en paralelo en plena recta. Vamos a 200 km/h y Fernando se mueve como si intentara empujar su improvisado monoplaza: «¡Esto no corre!». Afrontamos ya la rápida parte final de la pista. A saco. Alonso le coge un rebufo a Fisichella y llega a más de 190 km/h a la *chicane* lenta. Giancarlo apura. Él no.

Se aproxima al paragolpes del Clio del italiano y al fin, decide frenar. El estómago sufre una brusca deceleración y el ovetense intenta pasarle por dentro completamente cruzado. Es imposible, su compañero de equipo acaba de saltarse por la vía de escape interior la *chicane*. Entramos en meta cruzados, tirando de freno de mano. Y con la sonrisa floja. Así se divierten los genios del volante. Eso sí, sin daños.

Esta exhibición, que aún se mantiene, se ha saldado en más de una ocasión con el choque leve de dos compañeros de equipo. Salidas de pista, coches reventados... Son como niños.

Hubo algún show más en el camino. Como el que hizo con un Megane diésel de 130 CV en Cheste: «Me faltan, mínimo, 200 CV». El siguiente momento glorioso se produjo en 2012 en el circuito del Jarama. El coche era un avión rojo, un Ferrari 458 Italia de 570 CV. Nada más montarme le pregunté que cómo estaba después de toda la mañana dando vueltas y me respondió: «Caliente como una perra... Y tengo que adelantar a esos dos». Pasamos completamente de lado a dos instructores que llevaban el mismo coche. Como a todos los pilotos, le gustaba el trazado madrileño, aunque me confesaba que no se podían dar a fondo con un Ferrari de calle las rápidas eses en bajada de Bugatti. Demasiado delicadas, sin apenas escapatorias... Nos grabaron el *onboard* de la vuelta en vídeo y se convirtió en todo un éxito en Youtube. Va camino de las 450.000 visitas.

Un año después, en 2013, volví a quedar entre los mejores de un concurso de preguntas de carreras del Banco de Santander. Esta vez en Barcelona. El premio, otra vuelta con Fernando. Le dije antes de subirme que el anterior vídeo era un éxito y que había que mejorarlo. Lo superó con creces. Hicimos toda la vuelta en durísima competencia con Pedro de la Rosa montado en otro Ferrari similar. El maravilloso 458 Italia.

El piloto catalán salió antes. Y Fernando corrió para ponerse justo delante a la salida del *pit lane*. Tanta prisa se dio que no se pudo poner el cinturón de seguridad. En la primera frenada, aquella en la que hemos vivido tantas emociones con la F-1, Pedro nos mete un interior de órdago. En la subida, Alonso intenta ponerse el cinturón. Abandona la idea al ver que el otro Ferrari se nos empieza a marchar.

Hacemos en paralelo y totalmente cruzados la entrada a la recta de atrás. Pasamos al probador de Ferrari, pero De la Rosa nos la devuelve en la frenada de La Caixa. Se cuela un poco, nos ponemos en paralelo hacia la redonda del Estadio. Los Ferrari truenan a 9.000 revoluciones. Fernando mira en todo momento a su rival. Intenta pasarle, pero no puede. Le digo: «Dale, dale, que nos gana». La divertida y salvaje batalla parece perdida porque el barcelonés tiene el sitio bueno en la frenada. Pero el bicampeón se tira en un interior tremebundo a la última *chicane*. A la desesperada. El 458 Italia derrapa, intenta sacarlo… «¡Trompo, trompo!»… Grito y río a la vez mientras hacemos un giro de 360 grados con el coche envuelto por una gran humareda blanca. Una maniobra de película que obliga a De la Rosa a pararse casi en seco. Fernando mantiene la primera plaza y se ríe a carcajadas. «Se te ha ido el coche… Este trompo no ha sido a propósito», le digo. Y él contesta: «Ah, eso nunca se sabrá, siempre quedará la duda, je, je». Al llegar a boxes se baja del coche para comentar la jugada con su amigo. Pedro sentencia: «Estás como una cabra, tío, estás como una cabra…». Se lo pasan en grande. Como yo con ellos.

Capítulo XV

Inglés F-1, un idioma surrealista

«*To be honest*»: Coletilla que se suele emplear no para ser honesto sino para preparar la trola más gigantesca del mundo.

«*Struggling a lot*»: Literalmente significa que están sufriendo con los reglajes. Es un eufemismo de piloto que quiere decir: «Este coche es una mierda».

«*Set the pace*»: «Encontrar los reglajes». Es decir, lo contrario del anterior término, «el coche va de maravilla».

«*Save brakes*»: «Cuidar los frenos». Normalmente no tiene que ver con los frenos. A veces sí, pero es la mejor manera de enmascarar unas órdenes de equipo. Es decir, «ni se te ocurra adelantar a tu compañero».

«*Save fuel*»: «Ahorrar gasolina». Lo mismo que la anterior.

«*Take care your tyres*»: «Cuida tus neumáticos». Si va acompañado de un «cuando intentes pasar a tu compañero» es otra orden de equipo.

«*Faster than you*»: «Más rápido que tú». Rob Smedley enseñó más inglés al mundo que Francis Mathews en muchos años en la BBC. Al deletrearle casi eso a Massa consiguió que se dejara pasar por Alonso, que efectivamente venía más deprisa en Hockenheim 2010 y luchaba por el título.

«*Multi 21*»: Ese es el código secreto de Red Bull para establecer la posición de sus pilotos. La bronca de Webber y Vettel en el podio de Sepang 2012 nos permitió conocer esa clave secreta, que han tenido que cambiar después. Significaba que Webber debería haber terminado primero la carrera. Seb dijo no haberla entendido e hizo lo que de verdad quería Red Bull: ganar la carrera.

«*You must stop two times more*»: «Debes parar dos veces más». Es un mensaje por radio para engañar a los pilotos. En realidad el piloto se detendrá solo en una ocasión más. El ingeniero se lo dice por radio para que piquen los rivales, los otros equipos.

«*The truth*»: La verdad es un bien escaso en los circuitos. Hay que conocer varias versiones para acercarse a la realidad.

«*There is no problem between Lewis and Fernando*»: «No hay problemas entre Lewis y Fernando». Frase de Norbert Haug el sábado de la calificación de Hungría 2007. En el desayuno. Aquella tarde el inglés se autoadjudicó la vuelta extra, que no le correspondía. Alonso le ralentizó en boxes y Anthony Hamilton lo denunció ante la FIA. Bien, Norbert, bien.

«*Comittment*»: «Compromiso». La frase preferida de Ron Dennis y que siempre le pedía públicamente a Fernando Alonso en 2007 mientras le daba todo su cariño a Hamilton.

«*We don't have number ones, we have equal oporttunities*»: «No tenemos un número uno, tenemos igualdad de oportunidades». Frase de Ron Dennis sobre el equipo McLaren que tiene a no pocos pilotos en contra. Ahí están Prost, Montoya, Alonso, Kovalainen y, en los dos últimos años (aunque suene extraño), Hamilton también se ha quejado.

«*Questions from the floor*»: «Preguntas del resto de la sala…» Ahora él ya no es el encargado, pero el veterano Bob Costandouros ha dado siempre el pistoletazo de salida a las preguntas en inglés de la prensa internacional con esa frase. Él siempre hacía las primeras, las más sencillas y menos polémicas. Y si el que preguntaba era amigo o conocido le llamaba por su nombre de pila: «Livio, Eidrian…». Si no, te pedía el nombre y publicación. A mí me costó seis años que me llamara por mi nombre. En Brasil 2006 le contesté micrófono en mano: «Como siempre desde hace años, Carlos Miquel (Diario AS)». Alguna vez estuve tentado de decir que trabajaba para la revista «Don Miki» y que luego viniera a preguntarme. Ahora nos llevamos bien.

I love this country, the culture, the people…»: «Me encanta este país, la cultura, la gente…» Frase clásica de Lewis Hamilton cada vez que aterriza en una de las carreras transoceánicas. Si sumamos todas las veces que lo dice es amante de Singapur, adora lo japonés, es yanqui de pura cepa y un profundo conocedor de Australia.

I love this grand prix, the atmosphere…»: «Me encanta esta carrera, el ambiente». Lugar común de los pilotos cuando les preguntan sobre qué le parece tal o cuál gran premio. Siempre les gusta públicamente, aunque haya grandes atascos, sea inseguro de narices y el trazado del circuito aburra a las ovejas. Es una diplomacia pedida por los equipos y buena para el negocio.

The same…»: «Lo mismo». Latiguillo que utilizan los pilotos en las ruedas de prensa oficiales de la FIA. Ante una pregunta de grupo le pasan el marrón a uno que contesta y el resto se miran, sonríen y mascullan: «*The same…*»

For me is the same…»: «Me da igual…» Esa es la respuesta favorita de Räikkönen ante una pregunta con dos opciones. Por ejemplo: «¿Qué prefieres, que los comisarios sean estrictos o permisivos con los pilotos?» Respuesta: «Para mí es igual…» En el fondo Kimi es el piloto más a la antigua usanza. Le importa un rábano casi todo, salvo hacerlo bien en el coche... Y después es el que mejor se lo pasa por la noche.

«Ooh, ooh, oooh...»: Grito de asombro, especialmente de los periodistas alemanes, cuando alguien se sale de la pista. Incluso en los libres. En la sala de prensa de los circuitos se forman bandos irreconciliables durante las dos horas de carrera. Y solo hay cruces de palabras más fuertes de lo normal cuando alguno se cachondea de la avería o la salida de pista ajena.

«New rules...»: Literalmente es 'nuevas reglas'. Cada viernes de gran premio hay una rueda de prensa FIA de jefes de equipo y siempre hay un periodista que pregunta sobre el reglamento de 2014 si estamos en 2012. Siempre van con dos años de antelación y es lógico, suelen representar a la revista «Válvulas y decibelios» (título ficticio, pero que me encanta) y preparan su artículo de fondo...

«Dirty champion...»: «Sucio campeón». La frase de la ignominia. La pregunta concreta a Fernando Alonso fue: «¿Crees que te considerarían un sucio campeón si, gracias a esta victoria, ganas al final el título?» Estábamos en Hockenheim 2010. La rueda de prensa más terrible que se recuerda. A ese mismo periodista no se le ocurrió decir nada cuando Kovalainen hizo lo mismo que Massa en la misma curva dos años antes. Lo que pasa es que era Hamilton quien le adelantaba. Y McLaren el equipo, no la bestia roja. Estilo british...

«Wind tunnel correlation...»: Correlación entre la realidad en pista y los datos teóricos que suminista el túnel de viento. Si fallan esa es la excusa favorita de los jefes de diseño para tapar sus propios errores.

«Toyota wind tunnel»: «Túnel de viento de Toyota». El costoso túnel de viento de la antigua escudería en Colonia que se usa cuando falla esa correlación. O dicen que falla. En sus instalaciones se suelen cruzar los ingenieros de McLaren y Ferrari.

«Blink the rules»: «Estrujar las reglas», de manera literal. Ese es el concepto puramente británico de estirar el reglamento técnico de la F-1. En la mentalidad latina algo es legal o ilegal. No se estiran las leyes. Pero para los ingleses sí. Así Newey logró colar los escapes soplados en 2010/11 y su morro blando de 2012. Dos conceptos prohibidos y perseguidos después.

«Bravo, Fernando, bravo, bravissimo... Sei un numero uno»: Es italiano, pero se trata de la manera como Briatore felicitaba a Alonso por radio en los años dorados de Renault.

«Good job, Fernando, good job...»: «Buen trabajo, Fernando, buen trabajo...» Esto es lo más efusivo que Alonso recibía en McLaren de 'la voz', el ingeniero que, de manera neutra, le daba las órdenes en 2007. Desde aquel verano relevaron en esa misión a Mark Slade, su técnico de pista.

«¡Avanti Fer, avanti!»: «¡Adelante Fer, adelante!» El éxtasis por radio de Stefano Domenicali, director general de Ferrari, después de la victoria de Fernando Alonso en Corea 2010, que le colocó líder destacado del Mundial.

«¡Fe-no-me-na-le!»: La versión de Andrea Stella, aún más eufórica, después de la victoria de Alonso en China 2013. Incluyó algo más: «Tanta presión y estuvimos tranquilos, unidos, esa es nuestra fortaleza...». El ingeniero italiano de Fernando es especialmente efusivo en las victorias.

«That's we we're talking about!»: «De esto es de lo que estábamos hablando». Frase que hizo célebre, entre alaridos, Vettel en 2011. Una euforia lógica. Hizo 15 de 19 poles y el otro Red Bull otras tres. Pero vamos, no hacía falta que hablaran nada, ese año tenían un segundo por vuelta de ventaja sobre el siguiente gracias a los escapes soplados.

Capítulo 16

Glosario F-1

Pit Lane: Línea de boxes. Los puretas de nuestra lengua le llaman calle de los garajes. A mi mente viene entonces la calle de los talleres de coches de mi pueblo, Alcobendas. La Fórmula 1 debe tener su propio lenguaje porque si no pierde la magia. Y esas 'cajas' donde guardan los coches tienen que llamarse boxes. El término inglés «*pit*» hace referencia a la zona de trabajo justo delante de los boxes, delimitada por una línea paralela normalmente a la recta de meta. Ahí es donde se realizan los cambios de ruedas.

Pit stop: Parada en boxes durante la carrera. Antiguamente incluía repostaje y cambio de ruedas, pero desde 2010 se han eliminado los repostajes para ahorrar costes. Los monoplazas llenan el depósito para la carrera. Los equipos han trabajado tanto en reducir el tiempo de parada en boxes que ya no merece la pena sacar una entrada de la tribuna principal para ver la coreografía de uno de los momentos claves de la carrera. Red Bull consiguió el récord absoluto con un cambio de las cuatro ruedas de Webber durante el GP de Malasia en solo 2,05 segundos, batiendo los 2,31 anteriores de McLaren.

Piso box: Las salas para invitados que las marcas alquilan en el edificio justo encima de los boxes. En algunos circuitos tienen unas estupendas terrazas de cara a la pista donde disfrutar con el tronar de los motores. Desde allí se pueden ver de maravilla los cambios de ruedas. En el interior suele haber pantallas con la señal del gran premio y los tiempos, pero la gente se entrega más al culto del canapé.

Press room: Sala de prensa. Habitación diáfana, en algunos casos como China (en una novena planta y con visión de todo el circuito) o Abu Dabhi, de tamaño descomunal, donde coinciden y trabajan centenares de periodistas de todo el planeta. Con capacidad de hasta 500 personas. Incluye el despacho del delegado de la FIA (Federación Internacional de Automovilismo), Mateo Bonciani. Y también los de los organizadores locales.

Monitores de carrera: Las salas de prensa suelen están adornadas hasta por un centenar de monitores de televisión y tres canales puestos de manera permanente: el de la señal oficial, los tiempos vuelta a vuelta y un monitor de incidencias, investigaciones y evolución climática. A nosotros nos llega unos tres segundos antes que al resto del mundo, curioso.

El clima: La Fórmula 1 siempre busca el buen tiempo pero, como extremos, he llegado a ver unos libres en Nurburgring con ocho grados y una carrera en Bahrein en 2003 con 43 grados de máxima. El aire quemaba. Ese mismo año durante el fin de semana de Sepang (Malaisia) llegamos a 39 con una humedad asfixiante, del 68%. Mejor, en cualquier caso, el calor seco.

Previsión meteorológica: Esta es una pieza clave de la Fórmula 1 actual. Saber anticipar un chaparrón y tomar la mejor decisión en ese momento (poner el neumático adecuado antes que nadie) es algo que puede dar victorias. En tiempos de opulencia cada equipo buscaba el mejor servicio propio y hasta enviaban vigías a las zonas por donde se esperaba la llegada de una tormenta. Se dice que incluso tenían helicópteros con personal del equipo que veía la evolución de las nubes. A mí eso me suena a leyenda urbana.

MeteoFrance: En la actualidad el recorte de costes hace que todos utilicen el mismo servicio de Meteo-France. Es tan importante que los desarrollos de transmisión del coche, por ejemplo, se establecen el viernes teniendo en cuenta, entre otros factores, la intensidad del viento. Si sopla a favor en la recta principal es mejor poner un desarrollo algo más largo (menos aceleración y más velocidad punta) porque el aire ayuda al coche a ganar velocidad de una forma más veloz. Si vas corto llegas muy rápido al limitador y pierdes unas importantísimas décimas por vuelta.

DRS: Drag Reduction System (Sistema de reducción del drag). Es el alerón móvil de los monoplazas, implantado por la FIA desde la temporada 2011. Reduce el *drag* (la oposición del coche al viento) al accionarlo y permite ganar velocidad para adelantar al monoplaza que te precede. Solo funciona cuando el piloto llega a la zona de accionamiento a un segundo o menos del coche que le precede.

DRS pasivo: Es la variación actual sobre el doble DRS que se inventó en 2012 Mercedes, y mejoró Red Bull en el último tramo de la temporada. El Doble DRS se prohibió porque se accionaba manualmente al activar el alerón móvil. Permitía ganar entre dos y tres décimas por vuelta en calificación y más velocidad punta. El pasivo recoge el aire de encima del *cockpit* y lo envía a la parte inferior del alerón posterior. Este se satura y genera más velocidad punta. El problema es que no se desactiva y es peligroso en frenada y en curvas rápidas.

KERS: Sistema de recuperación de energía cinética. Es un motor eléctrico que recupera la energía cinética producida por las frenadas y la transforma en potencia extra para el motor. A través de un botón proporciona 80 CV suplementarios. Es clave en las salidas y en las rectas, además de servir para protegerse del ataque de un rival con el DRS accionado. Da medio segundo por vuelta, aunque en sus comienzos en 2009 pesaba demasiado y dio muchos problemas a las escuderías.

Safety Car: Coche de seguridad. Es el Mercedes SLS de color plata que salta a pista cuando las condiciones no permiten continuar la carrera con normalidad. Directamente conectado con dirección de carrera su misión es la de reagrupar el gran premio y dirigir el pelotón de monoplazas a baja velocidad. Aunque parezca ir despacio, tiene 600 CV y su piloto, Bern Maylander, tiene que emplearse casi a fondo («un noventa por ciento», según sus palabras) para tener un ritmo mínimo admisible por los Fórmula 1.

Torre de control: Edificio principal y más alto sobre los boxes. Desde allí Charlie Whiting y su equipo de comisarios (que suelen variar de gran premio en gran premio e incluyen siempre a un expiloto) vigilan a través de una veintena de monitores todo lo que sucede en la pista. Cuando hay algo susceptible de sanción a un piloto Charlie se lo dice a los comisarios, que evalúan las imágenes y los datos de los que disponen para decidir.

Drive trough: Paso extra por boxes. Es la sanción reglamentaria más habitual en carrera. Se suele penalizar así por provocar una colisión, no respetar una bandera amarilla (que implica frenar por un peligro en pista) o adelantar por fuera de los límites de la pista. Si la sanción se impone después de la carrera le cuesta veinte segundos sobre el resultado final al infractor. En los últimos tiempos si el análisis de una acción se deja para después del gran premio nunca suele pasar nada.

Paddock: Espacio de los circuitos a la espalda de los boxes y la pista, donde los equipos instalan sus *motorhome* y los camiones de los mecánicos. Es el gigantesco Gran Hermano donde se cuecen las noticias en los grandes premios.

Paddock club: Las entradas más caras del planeta. Cada pase de *paddock club*, la zona de los invitados VIP de los grandes patrocinadores de la F-1, cuesta 4.300 euros por fin de semana. Esto les da derecho a un paseo por boxes el domingo, otro (solo en algunos casos) por el *paddock*, y a beber y comer lo que quieran en su zona restringida, con cubertería de plata y manteles de primerísima calidad. La comida es buena y las mejores vistas son las del *paddock club* de Sepang (donde puedes ver sus mejores curvas mientras degustas champán francés) y Shanghái.

Motorhomes: Son los *hospitality* de los equipos en los circuitos europeos. Allí reciben las escuderías a sus invitados VIP y a la prensa. El término es herencia de las casas rodantes que antiguamente los pilotos llevaban a los circuitos. En la actualidad no duermen allí, pero sí que tienen en esas torres de cristal sus habitaciones personales, donde reciben los masajes de su fisioterapeuta y las confesiones de los más allegados. Los más impresionantes, como los de McLaren o Red Bull, necesitan seis camiones para su construcción, dos días para su montaje y veinte personas para unir sus paneles y cristales como si de un mecano se tratara. Su precio supera el millón de euros. Ferrari tiene un *motorhome* para la prensa y otro al lado para los pilotos y la escudería. En las carreras transoceánicas en lugar de los camiones hay casetas. Abu Dabhi, como en casi todo menos el trazado, es la referencia por la calidad de las casas de los equipos. Los cocineros de HRT me decían que sus cocinas eran mucho mejores que la de muchos restaurantes.

Briefing: Reunión. Es la palabra más usada durante un fin de semana de carreras. Los ingenieros se reúnen dos veces cada día con sus pilotos. Una con el planning de la jornada y otra al terminar para analizar los datos. Tienen también la reunión de los pilotos con el director de carrera, Charlie Whiting, el viernes. Después de este encuentro (al que asisten hasta los probadores) se celebra la reunión de la GPDA (Asociación de Pilotos). El primer día de entrenamientos, el que pasa más desapercibido para los aficionados, un piloto llega a las ocho de la mañana al circuito y se va a las ocho de la tarde. Si también cena en la pista se puede dilatar su salida hacia el hotel hasta las nueve de la noche.

Los fisioterapeutas: Son los nuevos gurús del *paddock*. Han convertido a los pilotos en aspirantes a triatletas, les vigilan su dieta ligera, tienen unas manos de oro para las contracturas que genera la difícil posición de pilotaje y son los primeros confesores de las estrellas del Mundial nada más bajarse del coche.

Pit babes: Las chicas de la parrilla. No nos tengáis envidia, no las vemos ni en pintura. Son modelos publicitarias que tienen su propio box fuera del *paddock* donde las peinan, maquillan y visten. Hasta tienen su propio catering. Los trajes siempre tienen la máxima de belleza sin chabacanería, hay muchas espectadoras femeninas... Llegan al circuito el sábado y de allí solo salen para hacer su trabajo, llevar los paneles con el dorsal de los pilotos y la bandera de cada país. Hacen un ensayo general el sábado por la tarde y el domingo llegan al circuito a las seis y media de la mañana para estar presentes en todas las carreras del fin de semana. Con el calor de Hungría o Sepang algunas sufren desvanecimientos. Las más elegantes y atractivas suelen ser las de las carreras españolas, y también las de Monza y Montreal.

Piloto probador: Pieza clave cuando había muchos entrenamientos. Su función en la actualidad (ahora que no hay test) es de apoyo y estar listo para correr por si falla alguno de los titulares. Pedro de la Rosa ha sido fichado para desarrollar el nuevo simulador de Ferrari y está en todas las carreras por si fuera necesario su concurso. Y Marc Gené compagina su trabajo en Maranello con las pruebas de resistencia. Es piloto oficial Audi en Le Mans. También son comentaristas de televisión. Jaime Alguersuari es probador de Pirelli y se encarga de probar los compuestos sobre los que se harán las ruedas del año siguiente.

Volante: Los pilotos del Mundial llevan entre sus manos un prodigio tecnológico que cuesta 80.000 euros. Desde el volante controlan el tarado del diferencial trasero, las revoluciones del motor, el reparto de frenada, el KERS y el DRS, entre otras cosas. Llevan una pantallita en la que pueden recibir mensajes escritos desde el box. En el display le aparece al piloto durante la calificación si está bajando o no su mejor tiempo.

Calificación: Son los entrenamientos oficiales y sirven para establecer la parrilla de salida. Se disputan los sábados, duran una hora y se dividen en tres fases, Q1 (en la que se eliminan los seis peores tiempos), Q2 (otros seis que no siguen adelante) y la Q3 reservada a los diez mejores, que se juegan entre ellos la pole. Aunque los académicos de la lengua se empeñen en no admitir este término por tratarse de un anglicismo y prefieren que se use 'clasificación', para mí esta versión españolizada de *qualifying* es jerga de este deporte y se diferencia de la 'clasificación´ de la carrera. O la de los propios entrenamientos oficiales. Los ingleses distinguen así la prueba del resultado de la misma ('*Qualifying*' de '*Classification*').

Entrenamientos libres: Se disputan tres tandas durante el fin de semana. El viernes hay dos sesiones de hora y media cada una que tienen una doble misión. Por un lado sirven para probar las nuevas piezas aerodinámicas de evolución (si las hay) y por otro, son claves para poner a punto el coche para la carrera. En los últimos minutos se hacen dos tandas, una con neumáticos blandos y otra con duros, a modo de ensayo general de lo que pueden ser las primeras vueltas del gran premio.

La sesión libre del sábado sirve para hacer los últimos ajustes antes de la calificación y la carrera. Y ver cómo va el coche a una vuelta. Es el anticipo de la lucha por la pole.

Parque cerrado: Nada más terminar la calificación los coches pasan a ser custodiados por la FIA y no se pueden tocar hasta la mañana siguiente, tres horas antes de la carrera. Y no se puede cambiar nada del monoplaza sin permiso expreso de la dirección de carrera y bajo la supervisión de los comisarios.

La carrera: El éxtasis. Tiene una extensión de alrededor de 300 kilómetros, un número variable de vueltas según el circuito. Dos extremos: Monza (la más rápida) apenas supera la hora y veinte minutos y Singapur (la más larga) roza las dos horas.

Agradecimientos

$\mathcal{A}$ Fernando Alonso, por hacer vibrar tantas veces a un país entero y haberme dejado compartir con él esos momentos.

A Luis García-Abad y José Luis Alonso. Ya sabéis por qué, no tengo palabras.

A Pedro, Marc, Jaime, Carlos, Carletes... Y a todos los pilotos españoles que he conocido y conoceré, por ser grandes.

A Paco González, director de *Tiempo de juego*, por creer en mí para la aventura de la COPE, apoyarme siempre y darme una nueva ilusión.

Al resto de mis compañeros de deportes de COPE, por lo que aprendo con ellos y lo que me hacen disfrutar cada día.

A Alfredo Relaño y Alejandro Elortegui, director y director adjunto de *AS*, por permitirme debutar y crecer como periodista en las carreras. A mis queridos excompañeros de la sección de motor... por las tardes de vino y rosas. A Enrique Melo, de documentación, por su ayuda en la confección de este libro. Siempre con una sonrisa. A Juan Carlos Tirado, jefe de fotografía, por abrirme las puertas del archivo de *AS*, y a Ana Paricio, por su ayuda.

A José Damián González y Javier Ruiz de Vergara, redactor jefe de deportes y subdirector de *La Gaceta*, por apostar por mí desde octubre de 2010 y darme libertad absoluta en sus páginas.

A mis compañeros de las carreras, vosotros sabéis quienes sois, por las tardes caminando descalzos sobre la arena de Melbourne, las noches de risas en Madonna, tantas cenas de soledad compartida… A Manuel Franco, por amigo, antes y ahora.

A mis excompañeros de deportes de la Cadena SER.

Por supuesto, a Manuel Montero, el editor de **Córner**, por sus consejos. Y a Carlos Ramos, por confiar en este proyecto.

A mis padres, por enseñarme a luchar. A mis hermanos, Ventura y Ana, por ser dos ejemplos para mí. A mi casi hermana Mayte y al resto de mi familia, por estar siempre ahí. Gracias por vuestro cariño infinito.

Y a ti, Marta, por Claudia y Edu, las madrugadas de edición y corrección en voz alta, los días, las noches, las esperas y las ausencias, por todo…

Este libro utiliza el tipo Aldus, que toma su nombre
del vanguardista impresor del Renacimiento
italiano Aldus Manutius. Hermann Zapf
diseñó el tipo Aldus para la imprenta
Stempel en 1954, como una réplica
más ligera y elegante del
popular tipo
Palatino

***

**

*

Viaje al centro de la Fórmula 1
se acabó de imprimir
en un día de verano de 2013,
en los talleres gráficos de Egedsa
Roís de Corella 12-16, nave 1
Sabadell (Barcelona)

***

**

*